江苏人民教育家培养工程丛书（第三辑）

5个好习惯培养优秀学生

WUGE HAOXIGUAN PEIYANG YOUXIU XUESHENG

朱小敏 著

江苏凤凰教育出版社
Phoenix Education Publishing, Ltd

图书在版编目(CIP)数据

5个好习惯培养优秀学生/朱小敏著.—南京:江苏凤凰教育出版社,2022.8
(江苏人民教育家培养工程丛书.第三辑)
ISBN 978-7-5499-9887-6

Ⅰ.①5… Ⅱ.①朱… Ⅲ.①小学生—习惯性—能力培养 Ⅳ.①G625.5

中国版本图书馆CIP数据核字(2022)第004256号

江苏人民教育家培养工程丛书(第三辑)

书　　名	**5个好习惯培养优秀学生**
著　　者	朱小敏
责任编辑	马　笑
出版发行	江苏凤凰教育出版社(南京市湖南路1号A楼　邮编210009)
苏教网址	http://www.1088.com.cn
照　　排	南京私书坊文化传播有限公司
印　　刷	南京顺和印刷有限责任公司
厂　　址	南京市江宁区麒麟街道天和路78号
开　　本	787 mm×1092 mm　1/16
印　　张	10
插　　页	2
版　　次	2022年8月第1版
印　　次	2022年8月第1次印刷
书　　号	ISBN 978-7-5499-9887-6
定　　价	30.00元
网店地址	http://jsfhjycbs.tmall.com
公 众 号	苏教服务(微信号:jsfhjyfw)
邮购电话	025-85406265,025-85400774,短信02585420909
盗版举报	025-83658579

为江苏未来教育家成长奠基

纵观世界教育史，每一次深刻的教育变革都离不开教育家的参与和推动。邓小平同志在1986年就提出“希望中国出现一大批三四十岁的优秀的科学家、教育家、文学家和其他各种专家”。2007年《国家教育事业发展“十一五”规划纲要》明确提出了“倡导教育家办学”的方针。《国家中长期教育改革和发展规划纲要(2010—2020年)》也明确提出，要创造有利条件，鼓励教师和校长在实践中大胆探索，创新教育思想、教育模式和教育方法，形成教学特色和办学风格，造就一批教育家，倡导教育家办学。

倡导教育家办学，要在扎根于民族文化土壤的同时，吸纳一切人类文明成果，形成具有本土特色和全球视野的教育实践和教育智慧。在我国源远流长的几千年文明发展进程中，不仅积淀了丰富的教育话语体系，而且涌现出一批又一批的优秀教育家。如，有被推崇为“大成至圣先师”“万世师表”的孔子，有“匹夫而为百世师，一言而为天下法”的韩愈，有“捧着一颗心来，不带半根草去”的人民教育家陶行知，等等。

江苏素有重教兴学的优良传统。明清两代全国202名状元中，有66人出自江苏，约占总数的三分之一。中华人民共和国成立以来，两院院士三分之一以上是江苏籍。“十一五”规划以来，江苏认真贯彻国家、省教育规划纲要，坚持把优先发展教育作为强省之基，把科教与人才强省作为经济社会发展的基础战略，扎实做好教育改革发展各项工作。为顺应发展要求，江苏在2009年启动实施“江苏人民教育家培养工程”，旨在通过培养一批具有教育家潜质的校长、教师，带动全省师资队伍建设，提高全省教育质量。工程启动和实施以来,得到了省内外同行的高度关注,《中国教育报》《人民教育》等权威教育媒体纷纷予以报道,给予了很多的支持和鼓励。在工程的带动下,全省基础教育人才队伍建设工作蓬勃开展,人才梯队不断优化,人才培养形成常态化。无锡的教育名家培养工程、常州和镇江的名师工作室、苏州的姑苏人才计划、南通和淮安的名师名校长培养工程、连云港的中小学高层次人才"333"工程、泰州的中小学卓越教师培养计划、扬州的领雁工程等都取得了良好成效,为江苏基础教育事业的明天提供了人才支撑。

一、设计思路

古今中外的教育家,虽然成长路径各不相同,但他们身上都有一个共同特点,那就是都有强烈的发展愿景,都是积极主动、持之以恒地追求自我发展。而有计划的培养可以促其自觉、促其坚定、催其奋进、助其提高。实践证明,有效整合社会资源,建立系统而完整的培养制度,对培养对象进行引领、促进、支持,给予他们相对良好的成长空间和必要的规制,有助于教师队伍更快更好地成长。我们认为,确立"人民教育家是可以培养的"观念,是科学的人才观、发展观在师资队伍建设中的体现。

确立目标宗旨。为一批立志终身从教、教育理念新、科研能力强、专长突出、风格鲜明、发展潜力大的中小学教师和校长创造条件,提供平台,给予重点培养,帮助他们在教育理论素养和创新实践能力等方面得到全面提升,使其个人专长更加凸显,特色风格更加鲜明,为他们成长为社会公认的人民教育家奠定基础,并以此带动和促进全省中小学师资队伍水平的整体提升,为江苏建设教育强省、率先实现教育现代化、办人民满意的教育做出更大的贡献。

制订培养计划。工程实施的目标是培养基础教育高端人才。从 2009 年起,计划在全省范围内分四批选拔 200 名特级教师进行重点培养。200 个培养名额,低于特级教师总数的 20%,不到中小学专任教师总数的万分之三。分四批培养,每批 50 人,确保每一名培养对象都能享有足够好、足够多的专家资源、活动资源、财力资源和实践平台,保证培养过程更加具有科学性、针对性和有效性。

明晰选拔标准。分析近代以来我国教育家表现出来的特质,我们发现他们具有三个方面的共同点:一是志存高远,具有远大的教育理想,"敢探未发明的新理",善于发现和潜心研究教育问题,形成自己独到的教育思想;二是学高为师,具有丰富的学识和科学的经验,勇于探索,在办学理念和思路、学校建设与管理、教育教学方式等方面形成鲜明的特色和风格;三是身正为范,具有高尚的人格魅力,热爱学生,尊重学生,对学生有大爱之心,并有较大的社会影响。为此,在培养对象的选拔上,我们确定了"坚持一个基本条件、着重考察三个方面"的遴选原则。基本条件必须是特级教师,是"师德的表率、育人的模范、教学的专家"。在此基础上,着重考察培养对象是否有正确的、强烈的成长动机,有为人民教育事业奋斗终身的坚定理想和不懈追求；是否具有深厚的教育理论素养、文化素养和专业素养，有成为人民教育家的基础条件和发展潜力；是否具有高尚的人格魅力，在区域和学科专业领域内声望高、影响大、示范性强，受到同行、学生、家长和社会的广泛敬重和好评。

二、制度建构

“江苏人民教育家培养工程”是一项系统性工程，旨在探索高端教育人才培养的政策、制度和实践模式，以培养对象的教育思想、办学行为和先进事迹激发全省所有校长、教师的教育热情和奉献精神。经过五年的实践探索，逐步形成了一套比较完整的培养体系，制定了《江苏人民教育家培养工程实施指南》，形成了管理、培养、考核“三位一体”的培养工作机制。

建立了管理机构。在管理上，教育厅成立了“江苏省人民教育家培养工程领导小组”，负责培养工作的整体把握和指导，指定江苏省教育科学研究院负责工程的具体实施工作。根据培养对象的特点和研究方向，成立了分学段或分学科领域和学校管理等不同培养方向的五个研修组。与培养对象相对应，组建了五个专家指导小组，通过个别指导和集体指导相结合的模式，就培养对象的发展规划、研究方向、课题研究进行指导。

搭建了培养平台。在培养上，以“政府创设平台、专家引领指导、个人主动发展、团队共同提高”为培养机制，以帮助培养对象“提高师德修养、拓展教育视野、创新教学理念、提高教育教学能力水平”为核心培养内容，规划实施了九大系列培养计划：催生教育主张——培养对象理论素养提升计划；聆听高端讲座——培养对象知识结构更新计划；牵手农村教育——培养对象责任修炼计划；推动教育创新——培养对象实践模式构建计划；走近教育家——培养对象分类阅读计划；聚焦实践问题——培养对象小组合作研究计划；带动共同发展——培养对象团队建设计划；教育家办学——影响力论坛计划；行者无疆——教育考察计划。围绕计划，在2014年至2019年第三期培养对象培养期内，共开展省级集中活动20余次、小组活动近100次。

制定了考核制度。在考核上，省教育厅委托省教育科学研究院与培养对象签订“目标责任书”，依据目标责任书开展年度考核、中期考核和终期考核工作。其中，年度考核实行报告评价式考核，研修小组和培养对象每年要做一次工作总结，报告一次研修心得；中期考核在培养期的第三年举行，实行发展性评估考核；终期考核按目标责任书实行目标考核。培养周期完成，在个人考核的基础上，成立“培养工作评估项目组”，对项目实施情况进行整体评估。

提供了条件保障。主要从专家、平台、经费等方面为工程实施及培养对象提供专业支持、环境支持和政策支持。一是组建了专家指导团队，聘请了国内一流专家。目前共聘请专家119人次，其中为第三期培养对象聘请的专家有35人。二是设立省教育科学规划“十三五”人民教育家培养对象专项课题，鼓励培养对象申报教育科研课题研究项目，通过课题研究推动培养对象成长。三是为每位培养对象至少安排一次出国研修的机会、召开一次教育思想研讨会、资助出版一部专著，为他们形成教育教学思想创造条件。

三、实践成效

工程实施以来，每一位培养对象都以教育家的素养标准要求自己，经过五年努力，提升了综合素养，取得了很多教育教学成果，带动了区域内多元团队的共同发展，还通过跨区域的合作在更大范围发挥了重要作用。

素质显著提高。五年的研修对每一位培养对象来说都是一个迅速进步的过程，他们的专业素养与教育能力不断提升，教育思想已现雏形。其一，潜心读书，提升了专业素养。有的培养对象五年阅读了100多部专著，撰写了40多万字的读书笔记。其二，实践探索，提高了教育能力。通过构建自己的课堂教学模式提高课堂教学质量，通过成立名师工作室和建设学科基地发挥辐射作用，通过管理模式的变革寻求学校的优质发展，已成为培养对象的行为自觉。其三，活动研修，拓宽了教育视野，丰富了发展内涵，增强了服务江苏教育发展的责任感与使命感。其四，自省反思，凝练了教育思想。通过回顾和反思、梳理和归纳，做到更深刻地认识、更清晰地表达自己的教育理念，初步形成了自己的教育思想。

研究成果丰硕。五年来，各位培养对象在实践研究方面积极进取，取得了丰硕成果。据不完全统计，第三期培养对象公开发表论文880篇，其中在核心期刊发表191篇；编著图书79本，出版专著35本；主持市级以上课题（项目）研究166项，开设县级以上公开课、讲座1821节（次）；被媒体报道210次。教学办学上，他们不仅善于把自己的教育理念运用到实践中去，而且非常注重特色成果的形成，成为江苏基础教育改革大背景下一例例鲜活的典型。他们的教育教学实践获得了广泛认可，产生了深远的影响，累计获得各级各类荣誉表彰300余项。这些成果来之不易，体现了各培养对象不断超越、勤于探索的精神。

带动效应显著。培养对象皆有自己领衔的发展团队，不仅有学校管理团队、教师集体和学科教师团队，而且有市（区、县）的名师团队、骨干教师团队，为带动当地教师发展做出了很大贡献。在团队发展过程中逐渐形成了由“被动发展”走向“主动发展”、由“短期性发展”走向“持续式发展”的良好格局，表现出相当高的发展水平与强大的辐射力。另外，第三期培养对象共开展“牵手农村教育”活动近30次，覆盖近30个县、市（区）50多所农村学校，发挥了培养对象的专业服务作用，带动了农村地区教师专业发展。难能可贵的是，他们在成为“培养对象”后，依然有着清醒的自我认识。他们常常淡看自己的努力和成就，却对“机遇”怀有感恩之心。正如一位培养对象所说：“孔子的彼岸是闻达于诸侯，我在想我们的彼岸是什么。也许我一辈子也成不了教育家，但我可以拥有教育家的志向、教育家的情怀、教育家的理想。在培养工程一千多个日日夜夜里，我如农夫般日日耕耘，如哲人般时时自省。从此岸到彼岸，是岁月的距离，更是成长的步履。让我们揣着梦想、带着感恩、携着激情，执着行走在成为教育家的路上，不为彼岸只为海！”

当前，江苏教育系统正在全面学习贯彻落实党的十九大精神，全力推进教育现代化建设，坚持以立德树人为根本，以发展素质教育为主题，以提高教育质量为核心，以促进教育公平为重点，以服务经济社会发展为重任，以深化教育教学改革为动力，以扩大教育对外开放、提升教育国际合作交流水平为重要路径，以教育信息化为着力点，以争取加大教育投入、建设高素质专业化教师队伍为关键，探索建立中国特色现代学校制度，努力营造健康向上的校园文化和有利于教育改革发展的社会氛围，努力办好人民满意的教育。衷心地希望“江苏人民教育家培养工程”的实践探索能给我国推进教育发展和办学专业化、促进高端教育人才成长提供借鉴。

编委会
2020 年 11 月

序 PREFACE

创造基于好习惯的丰盈蓬勃人生

收到朱小敏校长发来的《5个好习惯培养优秀学生》书稿，我正在重读塞利格曼教授的《持续的幸福》。塞利格曼说，追求幸福是在创造丰盈蓬勃的人生，他认为幸福这个概念，包含5个元素：积极情绪、投入、人际关系、意义和目的、成就。以我对朱小敏的了解，朱小敏是为塞利格曼幸福理论提供了一个鲜活的案例。朱小敏的性格中充溢着幸福基本元素的光泽，她的一言一行都能让我们感受到满满的正能量。

一、积极情绪是朱小敏性格的底色

好习惯形成好性格。朱小敏校长给我们的第一感觉就是性格好、习惯好，积极工作每一天。积极情绪是人们感知世界、理解生活的基本态度。为人生建立未来导向，遇事喜欢往好的方面想，善于生成欢喜、温暖、舒适的情绪感受，塞利格曼把在此元素上成功的人生称为“愉悦的人生”。朱小敏正是这样的，整天都是笑眯眯、乐呵呵的，向上向好，总是在就着现实追求理想。2009年，朱小敏调任新镇小学校长，从学校7位昆山市教学能手的专业进步抓起，以自己的成长经历为例子，说明只要对自己下狠劲，勇于爬坡，总是会领略到新风景的。她还帮助教师分析乡镇学校教师专业成长的优势，领着教师制定发展规划，落实公开课，撰写教育教学论文。3年后，这7位教师，有5位被评为昆山市学科带头人，2位被评为昆山市学术带头人。更重要的是，在这个群体的带动下，全校教师都被激活了，且互相影响，互相激励，使学校的发展跃上一个新的台阶，朱小敏的校长生涯也有了良好的开端。

二、忘情投入是朱小敏的基本状态

塞利格曼的幸福理论，指的是完全沉浸在一项吸引人的活动中，调动全部认知和情感资源，集中全部注意力，甚至达到人、物一体的境地。塞利里格曼把以此为目标的人生称为“投入的人生”。塞利格曼说，“投入”的重要内涵是喜欢学习新事物。朱小敏最大的优点就是好学，学历进修，从中师到硕士；研习的领域，从中文到法学，甚至跨界在1997年通过了司法考试。有一次，朱小敏邀请金生鈜教授和我到青阳港学校和她的团队一起讨论小学生好习惯养成。这是朱小敏长期深入研究的领域，我们较少关注。于是，我提出把她读的书带着我们翻翻。到了会议室一看，哇，满桌子都是关于习惯养成的书。她告诉我，这类专著她认认真真读过57本，可见是真正下过功夫啊。作为校长和学科领军人物，她对工作是迷恋的、投入的。青阳港学校是九年一贯制学校，对于长期在小学工作的朱小敏，主持校政是极大的挑战，她夙兴夜寐，殚精竭虑。在学科教学研究领域，她负责编写的好习惯养成校本教材有5套26本；参与编写并任编委的国家课标教材《品德》《道德与法治》3套；独立著作3本。朱小敏求学、读书、研究、提升领导力，发现并建立自己的品格优势，把自己的生命与学问、事业融为一体，创造出不断前行的“投入”的人生。

三、人情味是朱小敏的重要表征

塞利格曼在书中提及，积极心理学创始人之一克里斯托弗·彼得森，用两个字来描述积极心理学是讲什么的，即“‘他人’，在一定意义上，幸福在关系中”。作为校长，在关系构成上，更有一种主导性作用。朱小敏是充满人情味的校长，她尊重、信任、关心、帮助每一个员工。对于教师的困难，她总是不遗余力，充分调动、激活资源。对于老师的专业成长，她更是注意满足老师的追求，陶静娟老师的特级之路就是这样，陶老师有目标、有追求，朱小敏加以鼓劲，搭建平台，给机会，成就了陶老师的特级之梦。青年教师尹弘敏追随朱小敏校长，专业实践不断改进，研究素养逐步提高，参加省首届思品学科青年教师基本功大赛，朱小敏对她进行全面辅导，大到课标理解，小到教学细节，都带领她反复研磨，最终尹老师获得一等奖第一名。

朱小敏说：“每每想到和老师、学生交往的故事，都会泛起幸福的感受。”正是积极关系，为朱小敏的人生营造着幸福的氛围。

四、意义和目的是朱小敏工作的内在价值

塞利格曼认为，意义指归属和致力于某样你以为超越自我的东西。自发的目标为了实现自己存在的意义。怎么实现意义呢？朱小敏在激活自己的使命感的同

时，努力激活同事们的使命感，建立终极的价值追求，为事业的发展创造更多积极的可能。2018年7月，朱小敏轮岗至昆山玉峰实验学校任职校长，到那里以后，她认真梳理学校的文化积淀，带领团队外出考察学习，组织阅读《为未知而教，为未来而学》等书籍，认真研制校本化的培养目标和文化建设方案，扎实推进学校文化的整体设计，让学校朝着一个新目标稳步前进。

五、成就是朱小敏的终极追求

塞利格曼幸福1.0理论包含积极情绪、投入、意义和目的，他后来在反思中认识到幸福1.0只有"良好的感觉"这个维度，并因此提出幸福2.0理论，增加了人际关系和成就两个元素，使幸福理论超越了单纯主观的维度，使蓬勃人生的目标指向更为圆整。塞利格曼幸福2.0理论的成就，短暂的形式指一般意义上的成功，长期则指成就人生，代表着终极追求。怎样实现成就呢？积极心理学家提出一个公式：成就＝技能×努力。在好习惯养成项目研究上，朱小敏从自己研究，到学校研究，再扩展为工作室团队研究、苏州名师共同体成员学校研究……，直至有很多全国各地的学校慕名来昆山学习，使更多的学生受益。

令我们欣喜的是：十多年来，朱小敏主政的学校都得到很好的发展；常年坚持、目标专一的研究"小学生好习惯养成的实践探索"也先后获省基础教育教学成果特等奖、国家级基础教育教学成果二等奖。更为重要的是，她进入了一种生命状态，一种相当纯粹、相当沉恋的幸福2.0境界。我有一本名为《蓬勃生长欢乐颂》的书，我以为朱小敏那里展现的正是基于好习惯的"蓬勃生长欢乐颂"的场景。

杨九俊

2020年5月

前言 PREFACE

《5个好习惯培养优秀学生》书名的灵感，来源于2018年9月10日习近平总书记在全国教育大会上的重要讲话："培养德智体美劳全面发展的社会主义建设者和接班人。"习总书记强调新时代我们需要什么样的人才？德智体美劳全面发展，缺一不可。

于是，我欣喜地发现，我终于找到了最合适的小学生好习惯养成的5个主题：道德行为好习惯、学习好习惯、健康好习惯、审美好习惯、劳动好习惯，即德智体美劳全面发展。

我与习惯养成项目的结缘，得从工作说起。我从事小学教育工作整整31个年头，担任语文兼思政老师、班主任21年，担任专职思政老师10年。我发现了一个大家也都明白的规律，那就是，只要这个班级的学风好、班风好，这个班级的学生的各科成绩也一定好。学风好、班风好的背后，就是这个班级的学生习惯好。这个习惯，不仅仅是行为习惯，还有学习习惯、锻炼习惯、生活习惯等。于是，我就萌生了一个念头：任职班主任的每一个班集体，确保每个孩子养成好习惯。这样做的结果，就是我每带一个班级，基本都能做到三科成绩均年级第一。

1998年，我调入昆山国际学校工作，时任国际学校总校长的闵红伟先生，将朱永新老师等高校教授聘请为国际学校学科教学顾问专家。在一个会议上，我有幸认识了时任苏州大学教授的朱永新老师。朱老师和我说起他的"理想德育"愿景，又谈到了"每月一事"项目。我理解朱老师的意思是：每个月以一件小事为切入口，养成一个好习惯，一年养成12个好习惯。这12个好习惯通过学校的顶层设计，创造性实施。六年循环往复又螺旋上升，使这12个好习惯成为学生一生有用的最重要的习惯。我当时兼任的是国际学校小学部德育主任，受朱老师的影响和启发，于是就带领班主任们摸索着实践，至今也取得了一些感性的收获。

比如在"让我们学会吃饭"节约好习惯养成中，国际学校成为名副其实的全市第一家“光盘学校”。对于一所高端的公办民营学校，对家境非常优越的1800名学生来说，能够做到“光盘”，实属不易。

再如劳动习惯的养成，在90年代，我们就已经在操场进行了以自理能力为内容的“运动会”：把床搬到了操场，进行叠被子、装枕套、装被套等比赛，这在一般公办学校实在是从来没有见过。国际学校的学生个个生活能力超强，生活能力强带来的思维、合作能力强，带来的强大的学习能力，在学生优异的成绩中得到了印证。

2009年8月，我担任昆山市新镇小学校长，适逢课程改革如火如荼进行之时。我们把好习惯养成落实到“小学主题大单元德育课程”中，从“人与自我、人与他人、人与自然”三个维度，确定了“自理好习惯、自信好习惯、规则好习惯”等18个主题，把学校的班会、晨会、队会、心育活动、德育活动、常规教育统整设计为习惯养成校本课程，包括晨会课程、班队会课程、心理健康教育活动课程等。我们从学校老师和小学生的实际出发，借助德育专家力量，研究开发了小学主题德育系列校本课程多本套，并申报了省规划办课题，还在2014年、2018年两次获国家级教学成果评选二等奖。

2015年3月，我入选江苏人民教育家工程第三批培养对象，有幸得到杨九俊院长、朱小蔓老师、金生鈜教授、陈锁明院长、许庆豫院长、孙双金校长、孙向阳博士等导师的指导和鼓励，小学生好习惯养成的项目也得以做得更扎实，更科学，更坚定。“5个好习惯培养优秀学生”项目，于2019年8月成功申报“江苏省品格提升工程”项目，我也高分通过答辩和中期考核。深深感谢导师们。

在这21年的“好习惯养成”之路上，还离不开昆山市小学思品名师工作室、苏州市小学思品名师共同体的“徒弟”、成员们，我之所以将“徒弟”一词加引号，是因为曾经的徒弟，如今已是个个业务能力远超师傅。是大家的一起前行，资源共享，才把这个雪球越滚越大，今日，成书出版，深深感谢“徒弟”们、伙伴们。

《5个好习惯培养优秀学生》这本小书，共分9个章节。第一章是习惯的力量，主要讲了培养好习惯的意义、方法，需要注意的4点以及好习惯养成教育在学校和家庭中的贯彻。从第二章开始到第六章，就5个好习惯——道德行为好习惯、学习好习惯、健康好习惯、审美好习惯、劳动好习惯养成的途径与方法做了操作性呈现，每个好习惯养成都由5节组成，即各年段目标内容、课程方案、小敏校长讲习惯、年级实践课程、班级活动课程。第七章讲的是家长眼中的好习惯学校：“光盘”好学校——新镇小学；躬耕劳动教育的生命地——信义小学；“教育就是养成好习惯”——三中心小学。每一个学校都值得同行来取经。第八章讲的是老师眼中的好习惯班级：有全国新教育实验完美班级——“林芳班”，有“一个好习惯班级的一日常规”，有玉峰三三读书会等。每一个班级都很惊艳。第九章则是人人羡慕的好习惯家庭：有培养了学霸的家庭，有热爱做公益的家庭等。

每一页文字，都来自我和工作室成员伙伴们的实践，是凝聚了我们21年心血的作品。但因为时间紧迫，作品仍有粗糙之感，如有不当之处，还请同仁们多多斧正。2020年已经到来，我们将在此基础上，再出发！

朱小敏
2020年元旦

目录 CONTENTS

第一章　习惯的力量

我们先一起分享一篇文章：

我是谁

［美］杰克·霍吉

我是你的终身伴侣，我是你最好的帮手，我也可能成为你最大的负担。

我会推着你前进，也可以拖累你直至失败。

我完全听命于你，而你做的事情中，也会有一半要交给我，因为，我总是能快速而正确地完成任务。

我很容易管理——只要你严加管教。请准确地告诉我你希望如何去做，几次实习之后，我便会自动完成任务。

我是所有伟人们的奴仆，唉，我也是所有失败者的帮凶。伟人之所以伟大，得益于我的鼎力相助；失败者之所以失败，我的罪责同样不可推卸。

我不是机器，除了像机器那样精确工作外，我还具备人的智慧。你可以利用我获取财富，也可能由于我而遭到毁灭——对于我而言，二者毫无区别。

抓住我吧，训练我吧，对我严格管教吧，我将把整个世界呈现在你的脚下。千万别放纵我，那样，我会将你毁灭。

我是谁？

我就是习惯。

这是2009年暑假中，我阅读的一本书《习惯的力量》中的一篇文章，这本书给我的启示和感触是很大的，所以第一章用这个书名作为标题。

第一节　我与好习惯

从我的阅读习惯说起吧。我上的是5年制小学，是在村子里的学校上的，阅读资源非常匮乏，只有《连环画》《少年报》《儿童文学》《少年文艺》等报纸杂志，印象中没有读过整本的名著类文字书；初中是在镇上的亭林中学上的，这是一所以昆山名人亭林先生命名的学校，有很深的历史底蕴，亭林中学的总务处和图书馆，就是顾亭林先生家的厢房和书房，图书馆里有很多好书，对我的吸引力非常之大。但是，初中学习课程很多，要做很多题目，阅读时间很少，而且我记得图书管理员老师很凶，吓得我这个乡下小学升上来的孩子不敢去借书，所以书也读得很少，大概整个初中三年就读了十来本名著而已。

初中毕业那年，我考上了江苏省太仓师范，师范学习没有高中那样学业紧张，所以有了时间到图书馆看整本的书和报纸杂志。还非常幸运的是，遇到了一个“诗人班主任”。班主任邬志章老师是我们的文选老师，他爱好阅读和写作，每天都会给我们读他创作的诗。他出版了《纷纭集》《散文诗》等诗集多部，让我们好生佩服。还指导我们几个班干部编写了班级作文选、班报等，让同年级其他班级同学羡慕不已。

也就是在师范的三年，我爱上了阅读，一直至今，再忙也要每天阅读半小时以上，什么书都读，因为在书中我能获得知识，找到乐趣；在书中我能找到解决问题的方法，消除困惑；在书中我能找到共鸣，不会孤独和寂寞；最关键的是，我发现了一个秘密：阅读能够提高我们的思维能力，发展我们的智力，使我们变得更聪明。工作以来，我能够将教学实践、反思写作变为日常，真正使读写习惯成为工作的力量。

再比如锻炼的习惯。在中学和师范，我都是校田径队队员，参赛项目是 800 米。曾经代表太仓师范参加过省中专师生运动会，还打破了苏州市 800 米纪录。六年的训练，使我养成了长跑的习惯，给我带来的不仅是健康的身体，还有不怕挫折的内心，做事执着的毅力。运动好习惯带来的力量也是不可小觑。

我从事教育工作 34 年，任职班主任、负责语文教学 21 年，任教的班级学生的语文成绩总是在年级组名列前茅。我非常重视学生的习惯养成，是好习惯在起作用，我们班级的学生：文明行为习惯好，同学之间团结友好，互帮互助；学习习惯好，上课专心听讲，作业独立完成，不懂就问，几乎没有学生拖拉作业；运动习惯好，校运会、校冬季三项比赛等，总能拿团体总分第一，学生集体荣誉感强。好习惯带来好成绩，家长喜欢把孩子往我班级送。这让我更加坚信习惯的力量。

2009 年至今，我先后任职昆山市新镇小学校长、昆山开发区青阳港实验学校（九年一贯）总校长、昆山市玉峰实验学校教育集团总校长。三所学校的教学质量都很好，回想学校工作，主要做法还是抓习惯养成。每个班级的学生习惯好了，每个班级的班风学风就好了，成绩自然就好了。

但据我观察，不是所有学校、老师、家长都认识到了习惯的力量。如小学生的行为习惯养成，每个小学校长对学生的行为习惯都提出了很多要求，花了很多的时间和精力，校长们几乎每次开会都要对老师讲要加强学生的良好行为习惯的培养，老师们每天都在班会、晨会、队会上训话，哪些是好的行为，哪些是不好的行为，好学生应该怎么做……，可谓用尽心思，结果却收效甚微，学生身上常常出现知行脱节现象：一个懂得保护环境的学生，在家里、在大街上、在没有老师看见的时候却会随地扔纸屑；一个懂得尊老爱幼、热爱劳动道理的学生，在家无理顶撞长辈，不愿意整理自己的房间；一个懂得文明礼貌道理的学生，对同学却满口脏话……，诸如此类的现象都说明我们的习惯养成教育在知而不行上已经走得太远。

其他如学习习惯、劳动习惯养成同样如此。因为习惯养成的内容从上到下，缺少规范化、细目化、系列化和反复强化，使得小学生习惯养成没有实际成效，不能深入人心。

从学生的表现来看，根据我们的研究：小学生的习惯养成，总况是缺乏自觉性。从计划上看，缺乏持久性、目的性；从养成过程来看，缺乏稳定性、系统性；从个体态度来看，呈现多样化，甚至两极化状态。

基于以上个人感受到的习惯的力量之大和现实问题之多，我特别想把我和我的团队成员十多年来的习惯养成教育做法与大家分享。记得叶圣陶老先生指出：对小学生来说，在习惯没有养成之前，当然先要把有关的知识、道理、规范讲清楚，使其获得认识。“可是一讲一听不就等于教育”，这当中必然还要引起积极肯定和向往真、善、美的情感和理想，尤其是意志努力，才会自觉地去实践。而克服种种客观的不利影响和主观的不适应状态，坚持不断地去这样实践，就更加需要意志，在这过程中，认识和情感也必然会不断深化。最后，终于“不待强制与警觉，也能行所无事地做去”，而且能够随时随地地去这样做，连有关的知识、道理、规范什么的也绝不想起，非这样做就感到不快，这也就是到达了自动乃至自然之境，养成良好习惯了。

叶老的话有四层意思：对于小学生来说，一个习惯养成大致都要经历讲道理、训练、坚持，然后习惯成自然的过程。下面一节，就来讲讲怎么给小学生讲养成好习惯的道理。

第二节　好习惯是讲出来的

小学教育，是一个人成长发展的起步阶段，也是德育的根基阶段，习惯养成是重中之重。那么习惯养成由谁来引导、由谁来落实？我个人认为：习惯养成是家庭的事，也是学校的事；习惯养成是家长的事，也是老师的事，更是校长的事。

我任职校长以来，借用校长的“权威”力量，开设了“小敏校长讲习惯”微视频课程，跟全校学生讲养成好习惯的重要性、小学生要养成哪些好习惯、怎样养成好习惯等，深受玉峰实验学校学生喜欢。同时将该课程发布在昆山教育视频服务平台，全市小学生可以随时收看受益。其中的100集入选“中国梦——行动有我2020年全国中小学校本德育课程与教育案例征集展播活动”。

首先我想说的是：讲什么？

习近平总书记在谈到立德树人时，强调“养小德才能成大德”，少年儿童要从小做起，养成好思想、好品德。2018年9月10日，习总书记在全国教育大会上发表重要讲话，谈到育人目标时，强调“培养德智体美劳全面发展的社会主义建设者和接班人”。指导我们在新时期重塑全面育人的教育观、全面发展的质量关、德才兼备的人才观。

小学生好习惯养成的内容既要具有历史的继承性，又要与时俱进，反映时代的新问题，体现时代的新要求，着眼时代的新发展。随着“德育为先，能力为重，全面发展”教育改革与发展战略主题的提出，随着社会主义核心价值观培育、践行的全面深入推进，随着学生发展核心素养的逐步建构，我校对新时代小学生好习惯养成的内容，进行新的思考，梳理出以下层次化、细目化的好习惯养成内容。即以"好习惯提升好品格"为核心，养成五大好习惯：道德行为好习惯，爱国、诚信、友善；学习好习惯，好学、善思、探究；健康好习惯，锻炼、卫生、乐观；审美好习惯：尚美、鉴赏、表现；劳动好习惯：自理、勤劳、创造。

因此，我在讲习惯的内容选择上，以德智体美劳五大好习惯为大主题方向，结合学生习惯养成上存在的问题，更多的是学生在养成习惯中的好的做法，陆陆续续讲了以下"小敏校长讲习惯"课程。

好习惯主题	微课程名称
道德行为好习惯（爱国 诚信 友善）	新学年 新时代 做全习惯好少年
	学会打招呼
	养成规则好习惯，安全生活每一天
	养成规则好习惯，文明生活每一天
	感受生活中的法律：养成守法、用法的好习惯
	宪法晨读
	养成敬长好习惯
	学会感恩
	感恩后勤员工，文明如厕、不乱扔垃圾
	感恩家人，自己的事情自己做
	感恩身边的人，感恩身边的事
	养成敬长好习惯：我们家的中秋节
	遵守学校规则，争得流动红旗
	养成诚信好习惯
	学习雷锋助人为乐积极奉献
	清明创意活动，让我们更好地理解生命、爱、传承和希望
	听祖辈讲故事
	养成爱国好习惯：让爱国情怀渗入血液
	高朗：我骄傲我是中国人
	热爱党，从了解党的历史做起
	张敏：红船依旧，精神永恒
	雷锋精神
	元宵节的习俗
	我爱昆山，我会讲昆山话
	热爱昆山从学讲昆山话开始
	热爱昆山，就来学唱昆曲吧

续表

好习惯主题	微课程名称
学习好习惯（好学 善思 探究）	新学期来啦！让我们带着梦想上路！
	养成良好的用眼习惯
	坚持天天阅读
	养成读写好习惯:迎接第19届读书节
	让阅读成为生命深处的最大诱惑
	阅读的力量
	夸夸我们的书香家庭
	谈谈学习好方法
	数学好玩,我们爱数学!
	一个好习惯学生:杨悦怿同学的学习方法
	让我们记录生活,养成记日记好习惯
	养成学习好习惯:迎接期中阶段性练习
	把一件事情做到底
	多读童诗 启迪童心
	做一个有梦想的人,更要做一个努力奔跑的人
	养成动脑筋做题的好习惯
	养成热爱科学、乐于探究的好习惯
	动动脑、动动手,养成探索好习惯
	养成学习好习惯:粗心大意要不得
	专心听讲,学习的制胜法宝
	期末考试季,一起谈谈学习方法
	考前一周,小敏校长要告诉同学们什么呢?
	养成好习惯,学好数学并不难
	关于期末考试的一些叮嘱
	写给2020年的愿望清单
健康好习惯（锻炼 卫生 乐观）	安静用餐
	我“光盘”,我光荣,养成节约好习惯
	坚持天天锻炼
	亚洲女飞人——蒋兰
	养成锻炼好习惯:欢度第八届体育节
	养成锻炼的好习惯:体育锻炼乐趣无穷
	养成锻炼好习惯:增强体质享受快乐
	把6项小技能带回家,和家人一起养成锻炼的好习惯
	养成健康好习惯,需要坚持的优秀品质
	不能少了你
	疫情防控不能松懈
	我运动我健康　我快乐我成长

续表

好习惯主题	微课程名称
审美 好习惯 （尚美 鉴赏 表现）	养成审美好习惯：我们都爱艺术节
	坚持，才有可能把事情做成功
	美，到处都有，让我们养成善于发现美的习惯
	让艺术放飞梦想
	我们一起到好习惯长廊走一走
	和两位爱画画的同学一起谈梵·高
劳动 好习惯 （自理 勤劳 创造）	劳动最光荣，做自理、敬业、创造的玉峰学子
	说说我们应该养成的校园生活好习惯
	学做家务，体验快乐
	培养优秀孩子的秘诀——从生活习惯开始
	养成坚持劳动的好习惯
	劳动与创造
	有效小技巧帮你改习惯

其次来说说怎么讲呢？

1.“唱独角戏”

即由小敏校长一个人讲。说是一个人，其实也是“众多人”。因为小敏校长讲的内容是根据同学们习惯养成行动中拍摄的小视频、照片、日记等素材整理而来。每一集看似小敏校长一个人在讲，其实参与的是全校学生，在视频中“被呈现”的好习惯学生，平均每一集在 15 人左右，但主讲是小敏校长一人，故称“唱独角戏”讲法。

2. 邀请学生一起讲

习惯养成对玉峰的学生来说，是像呼吸空气一样正常的事儿。小敏校长经常会随时抛出一个主题，召集每个班级随机抽取的学生开座谈会，了解同学们的做法，然后由小敏校长带着 5 位左右的同学上电视台一起来讲。如“期末考试季，一起谈谈学习方法”一讲，我邀请了 6 位六年级同学来给大家谈谈学习体会。在小敏校长和学生一起讲的习惯课程中，小敏校长只是负责衔接串联和总结。参与“小敏校长讲习惯”，能够在全校同学面前露面，对每一位参讲同学，都是莫大的鼓舞。

3. 邀请老师、家长一起讲

小学生有很强的向师性，老师、家长的好习惯是最好的活教材。所以我也邀请老师、家长一起来讲习惯，以大手拉小手，一起养成并保持好习惯。玉峰老师为了培养学生的好习惯，在课堂教学设计时，也是费尽心思。让老师来讲讲自己的良苦用心，也是对学生养成好习惯的有力鞭策。如“体育锻炼乐趣无穷”一课，我邀请了体育学科的杨薇薇老师、运动达人杨爸爸一起来讲。

近三个学年，我讲了 100 多课，收获了学生、家长、老师“小敏校长”的称呼，收获了玉峰好习惯学生的成长。

展望未来，小敏校长还将讲什么？还能怎么讲？从内容角度，减负背景下，自主学习习惯养成需要讲；近视率居高不下，用眼习惯必须讲……。从形式上看，除了用微视频方式来讲，还可以以音频课程来讲等。

好习惯是学出来的，好习惯是练出来的，好习惯也是可以讲出来的。在学习时间紧张的当下，“讲习惯”也不失为一种既经济又系统的教育方式，我将继续做好该课程。

第三节　好习惯养成中的4个注意点

很多家长都会觉得，孩子上小学了，孩子的习惯养成就交给学校了；也有家长觉得，孩子上小学了，成绩最重要，习惯养成可有可无；也有老师会说，习惯养成是班主任的事，跟我的课堂教学关系不大……，我觉得以上认识都偏颇了，甚至是大错特错。

1. 好习惯养成虽平凡但有意义

习惯养成这个话题，很早就是基础教育阶段大家公认的重要教育内容。但是知而不为、为而不实的现象屡见不鲜。如经济发达地区的中小学校建设得可谓是现代化加国际化，但学校卫生都是外包物业保洁团队完成。学生只打扫教室内卫生，甚至还出现了学生将教室内垃圾直接扫到走廊上不了了之的现象。因为，走廊的卫生是物业阿姨负责的。

记得在资料上曾经读到：1924年，陶行知所任职校长的学校，没有保安，没有保洁人员，都是师生一起做，学校天天干净、安全。

再如，咱们玉峰实验学校的读写习惯养成，采用的评价方式之一是上交“随笔集”。即每个学生利用暑期，将每个学年所写日记，精选部分编撰“随笔集”，将“随笔集”交一本给学校资料室存档。在玉峰的“好习惯养成教育”展示厅里，有建校以来所有学生的随笔集。这些成为珍贵的资料。

看似平凡的一本本随笔集，对每个学生、每个家庭都是一种考验。学生坚持每天读写了吗？家长一起陪伴了吗？六个学年，虽然只是六本随笔集，但在玉峰六年养成的读写习惯能够坚持十年二十年……，让我们有理由相信：玉峰的好习惯学生，定能成为未来的栋梁之材。

所以，我们认为，好习惯养成项目不在于怎样翻新，而是坚持做好平凡的有价值的事。

2. 学校一定要承担起好习惯养成的重任

习惯养成教育，学校和家庭都可以做，正因为这样，不少学校把培养习惯的重任“让给”了家庭。其实，习惯养成，学校具有家庭不可替代的作用，学校做与家庭做并不一样。

(1) 学校具有权威的力量。在小学生眼中，校长、老师是权威，学校布置的教育任务他们会更加积极地完成。如玉峰实验学校劳动月期间，根据学校制定的劳动习惯养成纲要，有学校内的劳动、有家庭生活中的劳动、有社区劳动等，学生都能非常主动地去完成。因为学校对劳动习惯的评价有过程性评价和整体性评价，评价卡放入学生档案袋，还有诸如表现突出的好习惯学生与校长合影的活动设计，让学生无形中感受着学校权威的力量，使得习惯养成从自觉到自然。

（2）同伴的榜样作用。当下学生中一半左右的孩子是独生子女，在学校教育中，同辈的榜样作用，在同伴互助中养成好习惯，都具有家庭教育不可替代的作用。项目组成员学校都参与了"'读写一体'课程——养成读写好习惯"的实践，我们规定小学六年要读完 1700 本书，即一、二年级读完 1000 本绘本；三、四年级读完 500 本桥梁书；五、六年级读完 200 本纯文字书。光看数字可能会令人难以置信，能做到吗？但是随着同学之间晒读书账单；与读过的书合影，"读书等身"的照片在同伴间流传；高学段的学生给中低学段的学生开设阅读课程，我们发现，同伴的教育力量是非常强大的。大部分学生在小学毕业时都达到了 1700 本的阅读量。

（3）说理的力量。家庭中培养学生好习惯，以行为训练为主要方式。学校教育中的说理教育，给予学生内心的自觉，不是外在的要求强制，这是学校优势。如玉峰实验学校每周二有一门十分钟课程"小敏校长讲习惯"，是一个典型的说理微课程。即围绕一个月的习惯养成主题，根据学生的问题、现有的表现、习惯养成的要点等，收集来自学生的最新鲜的素材，由小敏校长撰稿、制作 PPT、拍摄视频，最后以播放的方式由学生收看。微课程有故事说理式、有邀请学生一起沙龙的方式、有点评学生行动的方式等，深受学生欢迎。每次微课程发布在学校微信公众号上，家长也可收看，或者家长带着学生可以反复收看。因为习惯养成仅靠学校说理又是不能完成的，很多事需要家校共育，特别是生活习惯养成等。

3. 好习惯养成的主阵地在课堂

学校培养学生的习惯，有很多实践范式，主阵地在课堂。一方面要充分发挥各门学科的优势养成学生好习惯，如语文，阅读习惯；数学，思维习惯；英语，表达习惯；理化生，探究习惯；体育，锻炼习惯……。特别是要充分用好统编版《道德与法治》教材，处处都是习惯养成的教育资源。如尊敬长辈好习惯的养成。孝顺、尊敬长辈的主题在语文、道德与法治学科中都有不少此类题材。今年的清明小长假，我们设计了"听祖辈讲故事"活动，收获了很多家庭的长辈故事，有的敬业，有的顾家；有的感人，有的温馨……，都深深地打动了学生和年轻的父母，家长们都反馈，这是一次最有意义的小长假。

4. 好习惯养成的最终目的是提升好品格

在近十年的小学生好习惯养成项目实践中，我们经历了"每月一事"12 个好习惯养成阶段；还尝试过"人与自我、人与自然、人与他人"三个维度的习惯养成分类课程；至目前的以培养"德智体美劳全面发展的社会主义建设者和接班人"为目标的"道德行为习惯、学习习惯、健康习惯、审美习惯、劳动习惯"五大习惯养成内容。到底要养成哪些习惯,各有各的说法,也无法穷尽。即使一个一个养成,也总会遗漏。培养习惯要关注的是:最终目的是培养品格,提升品格。好的品格是向上的,见贤思齐,老师不教也会学好;好的品格是能自律的,没有外在的监督,也能严格要求自己。有限的习惯,无限的人生成长。

记得古罗马著名诗人奥维德曾经说过:"没有什么比习惯的力量更强大。"的确如此,无论我们是否愿意,习惯总是无孔不入,渗透在我们生活的方方面面。习惯的影响力如此之大。让我们一起努力,不断提高习惯养成的针对性和实效性,让良好习惯跟上时代发展的步伐,与日俱进。

第四节 好习惯养成在学校教育中的贯彻

上文讲到习惯养成是家庭的事,是学校的事,是全社会的事。我们虽然只是教育工作者,但仍在努力创造好习惯养成的教育文化,在学校和家庭中,将5个好习惯有计划、有步骤地实施,形成全校教师、家长人人均是学生好习惯养成的精神导师、榜样之师的良好氛围。我们相信,习惯和环境之间存在交互关系。积极的习惯会孕育更好的环境,而积极的环境也会激发更好的习惯。

1. 实体环境

如我在新镇小学任职校长的时候,学校的办学理念是"好习惯成就好人生"。每条走廊上都贴着一个以某一习惯养成命名的路标,每个年级都拥有学业主题与习惯养成概念联系的布告栏,并且经常更新内容,以创造一种充满活力的环境。阅读这布告栏上学生们创作的故事和心得体会,一刻钟、半小时就会不知不觉地溜走。

步入教室里面,我们会看到,与其他学校中大多数教室的墙壁一样,好习惯学校教室的墙上也贴着与数学、词汇等有关的图画。但图画中间一定散落着一些温馨提示,内容不外乎5个好习惯主题、准则、班级目标、合作规范、已达成的好习惯和学生们目前正在训练的好习惯。

2. 共同的语言

好习惯学校的教职员工们将5个好习惯准则融入教学,并在会谈、活动、走廊展示和聚会以及应对准则纪律问题时娴熟地进行运用,这些习惯准则便成了校园美丽的共同语言。大多数学生都能很快地掌握这些习惯词汇。一旦熟知了这些语言,每个人都能随时随地地进行运用。

譬如,当一位一年级老师在面对一个并不熟悉且行为失当的五年级学生时,这位老师马上会说,你的说好话习惯哪里去了?你的不乱扔垃圾好习惯哪里去了?

5个好习惯并不是好习惯学校中的唯一语言形式,其他充满积极意义的表达方式我们也经常能够听到。譬如,今天你阅读了吗?今天你感恩了吗?

3. 情绪环境

我感觉自己能在好习惯学校里做更多的事情；有的老师的感受是：他们和别人相处时更细心。

同学们的感受有：当你犯错误时，朋友会告诉你该如何改正，而且声音不会很大；大家的态度很温和，会互相监督；自己开始以更严肃的态度对待上学了，也变得更诚实了；即便篮球比赛输了，自己也会祝贺赢球的对手……

5 个习惯能够帮助我们成为更好的倾听者，也能帮助我们做出更好的选择与彼此和睦相处。

我们看到的是：人们会记得停下来思考他人的感受；孩子们更加尊重老师和同学；孩子们更愿意相互倾听和一起玩耍；所有学生都很团结，即便没有老师会因此表扬他们亦是如此，因为他们知道这样做是对的。

有很多因素会影响学生或老师在学校里的感受。例如，如果没有规则，那就会让人缺少安全感；霸凌或受威胁会让人失去安全感。（生理需求）

还有接纳感、责任感、被理解感和信任感。不信任导致不确定、疑问和无所作为，信任感会孕育安定、希望、承诺和友谊。（情感需求）

还有想象力成长和成就感。学生们希望感觉自己在不断进步和迈向成功。（脑力需求）

有价值存在感和被欣赏的需求。美国心理学之父威廉·詹姆斯曾说过，“人类最深层的本性就是渴望被人欣赏”。（精神需求）

缺少一种或多种需求的学生会感觉不安。4 种需求都能得到满足的学生会感觉自信。对于某些学生而言，这 4 种需求可以频繁且轻易地得到满足。但对于另一些学生来说，这无异于是某种奢望。而且光能听到那些褒扬之辞还不够，学生们还必须得真真切切地感受到。

如赋予学生责任；收集和重视学生的观点；帮助学生找到自己的心声……，任何校园活动都可能转化为好习惯养成活动。

总之，好习惯文化能产生直接成效——学生的习惯良好，学风、校风良好；也孕育出间接成效——表现在学业上，习惯好的学生，一般学习能力强，成绩也好。学业好之后再促进习惯养成，互惠关系和谐发展。

第五节　将好习惯准则带回家

哈佛大学教育学研究生院的凯伦·马普教授认为，当家庭成员和学校老师相互协作时，“学生不仅能取得更好的成绩，考试表现更为优异，而且社交技能和行为也会掌握得更为全面。这种协作局面亦关系到学生高中学业的完成情况和之后在大学里的表现”。简而言之，家庭会影响学生在学校里的表现。

即使认识到两者之间的密切关系，实际上大多数学校也都不希望承担教导父母如何进行家庭教育的职责。同样，大多数父母也希望学校能全权肩负起教育孩子的重任。不过这两者的确可以达成某种程度的互助协作关系。在推行5个好习惯之前，我们需要主动要求学生家长设法引导孩子们在学校里的行为。但在推行5个好习惯之后，他们会这样主动询问：“我们能为学校事务提供点帮助吗？”这一转变从一个侧面反映了校园氛围的重要变化。

1. 让学生将5个好习惯要求带回家

寄信。我们选择在学年开始时往学生家里寄信，以此来向家长们宣传5个好习惯理念。在大多数情况下，只是一页简单的信纸，上面概述了课程的主要构成和学习之后会带来的好处，信纸的背面会写上5个好习惯要求的摘要信息，以方便家长们将其贴在家中显眼的位置。这封信通常会在开学以后第一个星期或者稍晚一些的时候寄出去。

欢迎手册。有些学校会制作一份带有照片和5个好习惯课程推广案例的手册，送给刚入学的学生。除此之外，手册中还包括成功案例感言和常见问题的解答。

简讯。很多学校和班级每周每月或每季度会向学生家里寄送一份简讯，着重介绍一种习惯准则或分享一则成功案例，有些时候甚至简单到只是一条名言。

网站。拥有网站的学校偏爱在校园主页上发布关于5个好习惯课程的信息，并会定期进行更新，包括上传一些活动照片、制度规定或家长分享在家应用5个好习惯理念的感悟。

书籍。有些学校特意为家长们设立了家庭图书馆，以方便他们检索相关资料。并要求家长在阅读后，和孩子在家里讨论每章节提出的问题。新入学的学生在登记注册之后也会领到一些绘本书，如《多多什么都爱吃》《我来帮忙》等。

微信。如我在玉峰实验学校的学校微信公众号上，每周二都发布“小敏校长讲习惯”的推文，家长可以随时关注收看。

2. 家长参与学校事务

家长开放日是家长参与学校事务的最佳时机。如在玉峰实验学校二年级的家长开放日上，我们进行的大课间的锻炼好习惯（跳绳和踢毽子）的展示，是家长和学生一起比赛、展示，互相数数、记录，然后全班参与年级评比。

一般家长会上，我们还进行5个好习惯养成的大会交流。印象很深的是有一次听到的这位妈妈的交流。

二(1)班董吴泽妈妈念的儿子的日记特别打动人：

坚持，遇见更好的自己

——今天我当班之“围着桌子转”

导语：走一步再走一步，世界上有一种美丽叫坚持。感谢自己一路坚持下来，每一天都有不同的体验。

"董吴泽，从今天起，你就当这一小组的桌长了，要管好组员同学的吃饭情况哦。"虽然桌长没有班长官大，可一听有个"长"字，我就乐了。

记得刚当桌长那会儿，我兴奋了好一阵，以为只要拿出管的姿态就行，后来才发现里面的学问可大啦，比如说同学们的排队讲话啦，不"光盘"啦，还有卫生问题，都要桌长认真地去管理、去负责。因为从小在家就有点依赖奶奶，所以刚开始的打扫问题对我来说是个大难题。

看到同学们吃剩的骨头、汤、油不小心洒在了桌上，弄得桌子脏兮兮的，我真的无从下手。但是一想到作为桌长的责任，更想到朱老师对我的肯定，我拿起布在桌上擦呀擦，虽然油污弄到了手上，但是看到打扫过的桌子那么干净，我这个做桌长的总算有了点成就感，等到同学们下一次在这干净的餐桌上用餐时，看着同学们吃得津津有味的样子，我还挺开心的。

为了能让同学们一直在干净的桌子上吃饭，我每天都要检查一下自己的书包里是否都带好了抹布。等同学们用餐时，我也会提醒同学们一定要"光盘"，这样我们的身体才会棒棒的。用餐完毕，我会把小凳子都摆整齐，再用干净的抹布把桌子擦一遍，这样我的桌长任务就顺利完成了。现在，我发现我越来越喜欢当这个桌长了，因为让我感受到了劳动的快乐！坚持的快乐！

"大路走尽还有小路，只要不停地走，就有数不尽的风光。"这是妈妈经常和我说的一句话，虽然现在的我还不是很懂，但我懂得妈妈的真心用意，就是让我不管做什么事情都要学会坚持，做桌长也是如此。其实，在这里，我更想感谢的是我的班主任朱老师，给予了我坚持的机会，更给予了我成长的历练。

坚持，真好，因为可以遇见更好的自己。

董妈妈说，令她意想不到的是，学校布置的劳动月习惯养成任务改变了孩子。曾经的没有自信，在当桌长的历程中得到解决；劳动习惯的实践，带来了孩子学习能力的提升。习惯养成，一定要带回家里。

再如家庭读书会，我们曾经就家务习惯的养成，倡议每个家庭一起亲子共读《会做饭的孩子走到哪里都能活下去》，然后一起写读后感。这是二(3)班周文琦妈妈写的读后感：

二次读《会做饭的孩子走到哪里都能活下去》有感

因学校家委会推荐，我又一次翻看了《会做饭的孩子走到哪里都能活下去》一书，这是我第二次看这本书。

书本讲述了身患癌症的年轻妈妈千惠对女儿阿花的临终教导。阿花 4 岁生日的时候，千惠送给了她一条围裙。从那天开始，阿花就开始跟妈妈学做家务：晒衣服、刷澡盆、摆放鞋子、打扫、准备去保育园的东西、整理衣柜、收拾自己的衣服。随着时间的推移，千惠的病情越来越严重，在与癌症搏斗 8 年后，她离开了女儿，年仅 33 岁。

母爱,比孩子想的更远

比孩子先来到这个世界的父母,注定没有办法陪孩子走完一生,那么,教给孩子什么最重要? 千惠妈妈告诉我们,是让孩子具有生存的能力,一个人也能好好地活下去。

早在 2005 年,日本政府就出台了《食育基本法》。其中提到,通过对食物营养、食品安全的认识,以及食文化的传承,与环境的调和,对食物的感恩之心等,来达到"通过食育,培养国民终身健康的身心和丰富的人性"这一目的。英国教育部也将"烹饪"正式列为必修课程,规定 7—14 岁的中小学生必须学会 20 道料理才能毕业。做饭,不仅仅是生活技能,也是尊重生活、热爱生活的本领。

"不发言,不帮忙",教孩子做事情的时候,尽量给孩子独立思考和体会的空间,千惠在书中说。在我们的日常生活中,父母往往无法做到这一点。有些家长过于苛刻,缺乏耐心,有些则溺爱过度,恨不得事事代劳。

乐观,是人生最宝贵的财富

这本书是由一家三口合著而成的,整本书的内容就是母亲千惠在这个世界上生活过的证明,已经很久没有遇到这样一部让人热泪盈眶的作品了。

母亲千惠过世后,父亲曾一蹶不振,重新抽起了烟、喝起了酒,这个时候,女儿阿花偷偷把爸爸的烟丢进垃圾桶,给爸爸做好吃的。一个这么小的孩子,用稚嫩的举动,陪伴爸爸走出低谷。因为妈妈曾教导她:如果遇到迷茫,那就朝着热情的方向前进吧。遇到困难,她总是想:不忘记微笑,想想别的,想想别的,车到山前必有路。

情绪的养成,是家庭教育中重要的部分。在我们身边,有些孩子受不得委屈、听不得坏话,凡事以自我为中心,因为"蜜糖罐里长大"的孩子经不起风吹雨打。会因为老师的批评而伤心,会因为同学的玩笑而气愤,那是长期以来家中几代长辈宠爱保护的结果。宽容、乐观、大度,这些美好的品格,应该大力培养。

陪伴,是幸福家庭生活的最高境界

一起散步,一起吃饭,一起买东西,一起午睡,在一家人一起度过的心无旁骛的日常生活里,真实地感受着幸福的存在。书中阿花的家庭多年来在极度恐慌和忧虑中过日子,这就促使他们踏上了生活价值再发现的道路:不后悔过去,不畏惧未来,而是竭尽全力过好当下的生活。

我们如今的工作、生活节奏快,面临着或大或小的压力,我禁不住反问自己:是不是以工作忙碌为由缺席了孩子的聚会? 是不是以丰富课外生活为由给孩子报名了 n 个兴趣班? 是不是为避免孩子打扰自己草草地塞给他一个 iPad?

这不禁让我想到假期里面的一件小事。由于新年期间洗车店都关门了,我和儿子、老公只好自己动手清洗车子。儿子特别卖力,毛衣都湿透了,小脸脏兮兮的,衣服上沾上了泡沫。但他特别开心,还首次独立完成了一篇高质量的读写卡。灵感来源于生活,幸福来源于陪伴。

这就是这本《会做饭的孩子走到哪里都能活下去》带给我的启发。

周妈妈说,感谢学校的推荐,让一家人统一了思想,培养孩子做家务的好习惯不但重要,更是必要。自从亲子共读了这本书后,周文琦的家务习惯成为自觉。

3. 在家庭生活中培养 5 大习惯的方式

直接授课。直接授课的最佳方式之一莫过于让孩子们化身成为老师,让他们给自己的弟弟妹妹们或家长讲解某一条习惯要求。他们可以利用短剧、图画、音乐或其他各种创意来讲述自己的观点。孩子们在教学方式上拥有令人惊讶的创造性,化身成为老师绝对是他们掌握学习要点的最佳方法之一。

融入生活。有些家长找到了在家庭活动或家庭任务期间教导或强化习惯要求的方法。最简单的方式就是开始使用习惯要求所对应的语言,并首先运用这些语言来约束自己。经常和孩子们一起读书的家长,会让孩子在阅读过程中,用一种或多种习惯要求,对阅读内容进行归纳。另外,家长们还可以领着孩子去拜访那些在公司或志愿者组织中担任领导或拥有特殊才华的亲友或邻居,然后多问对方一些问题,培养孩子们良好的提问技巧。

榜样化。家庭是一个批评越少越好,榜样越多越好的地方。家庭不断需要好习惯榜样和对于好习惯榜样的重塑。不要将习惯要求当成敲打的棍棒,要用积极肯定的语言告诉孩子们要养成的习惯。

第二章　道德行为好习惯

第一节　各年段目标内容

良好的道德行为习惯的养成，对一个小学生来说非常重要，有助于学生生活质量的提高，有利于小学生学习成绩的提高，有助于学生将来走向社会后成为更加优秀的人才，良好的道德行为习惯使学生受益终身。培养小学生良好的道德行为习惯是小学阶段习惯养成的首要任务。如小学生的意志不坚定，教师应该积极正确地引导；在学生三观不正时，教师应及时发现，及时纠正。

我们根据社会主义核心价值观，根据小学生的年龄特点，确定了“道德行为好习惯”养成的小专题关键词为“爱国、诚信、友善”，其中，爱国再延展为爱家庭、爱学校、爱家乡等；诚信延展为遵守规则、有错勇于承认、讲信用等；友善延展为友爱同学、尊敬长辈、懂得感恩等。

各年级“道德行为好习惯”养成的目标内容如下。

一年级

1. 尊重国旗、国徽，会唱国歌，热爱祖国，热爱人民。
2. 学会和老师、同学等打招呼，外出和回家时要懂得和家人打招呼。
3. 关心身边的人，对他人的帮助心存感激。
4. 上课不随便插嘴，懂得尊重同学的发言，当其他同学在发表意见时，要学会倾听与分析。
5. 会使用礼貌用语。同学之间友好相处，互相谦让，有矛盾时和平解决，不动手动脚。
6. 借了别人东西及时归还，不私拿他人物品。
7. 每日为父母做一件力所能及的事。不把家人、老师当作服务员，能自己做的事情自己完成。
8. 不乱扔纸屑，能主动弯腰捡拾。不随地倒水，不在课桌椅上乱涂乱画。
9. 积极参加体育课及大课间活动，在老师指导下安全地活动。有秩序地上下楼梯，不拥挤打闹。

10. 遵守交通规则，认识红绿灯，不在马路、铁路附近追逐打闹。

二年级

1. 会唱国歌，了解我们国家的一些知识（国土面积、人口、民族、历史等）。行队礼姿势规范，仪容得体。

2. 同学之间相互帮助，尊重他人，不欺负弱小。

3 为人正直，不弄虚作假。真诚对待每一个人，诚实守信，不偷拿别人的东西，借用他人物品后及时归还。

4. 在校园里见到师长要主动热情地打招呼，和同学友好相处，不说脏话粗话，能谦让有素质，不和同学吵架打闹，不搞小团体。

5. 上课守纪律，课间守秩序，集队时做到“快、静、齐”，上下楼梯靠右走。

6. 会制定一些学习计划，和父母制定相关规则，能够按照规则做事。

7. 在校遵守校园规定和班级规章制度。遵守《小学生守则》《学生一日常规》，通过实际行动感受行为习惯。

8. 遵守交通规则，能识别交通信号灯。乘坐汽车、火车、轮船、飞机等能遵守相关规定。

9. 爱护环境，不随意折花，不践踏草坪，不穿越隔离带，爱护公共设施，不在建筑物和古迹上乱刻画。

10. 拨打和接听电话时使用文明用语，尊重他人隐私。

三年级

1. 能定时收看收听爱国类型的节目和阅读书籍报刊。

2. 遇到不文明的现象要及时报告老师，不追逐打闹，不对同学动手动脚，不欺负捉弄同学，不在班级里乱发脾气，不乱拿、乱扔他人物品。

3. 说真话，做真事，自己承诺过的事情要说到做到。主动帮助别人，远离品行不好的人。

4. 看有意义的书籍、报刊、视频，不登录内容不健康的网站。

5. 当面对危险时，懂得保护自己，勇敢但不要逞强，及时寻求救援。

6. 关心父母健康，听从父母教导，尊重爱护和关心老人，给他们力所能及的帮助。

7. 珍惜劳动成果，不浪费食物，做到不挑吃穿。

8. 遵守学校规章制度，遵守课堂纪律，不影响他人上课。

9. 在公共场所不大声喧哗，注意举止文明，用文明语言与人交流。

10. 不随意吐痰、乱扔垃圾，保持环境清洁。

11. 遵守交通规则，过马路走人行横道，上车主动排队。

12. 爱护学校、公园等公共场所的花草树木及公共设施，不乱踩绿地草坪，不随意摘花折枝，不乱涂乱画。

四年级

1. 了解中国历史中的一些小故事,会背朝代歌,知晓中国古代的伟大发明。

2. 了解中国传统文化,知晓相关节气、民俗。

3. 熟知社会主义核心价值观,积极参加爱国活动。

4. 遵守课堂纪律,不影响他人上课。

5. 和同学友好相处,不给同学起绰号,同学之间有困难能及时伸出援助之手。

6. 爱家人,关心父母健康,听从父母教诲。

7. 珍惜粮食,不乱花钱,用好每一分钱。

8. 不在楼道内追逐打闹,上下楼梯时注意安全。

9. 遵守公共秩序,不大声喧哗,乘坐汽车、火车、轮船、飞机等要遵守相关规定,主动购票。

10. 爱护学校、公园等地的花草树木及公共设施,不乱踩绿地草坪,不折花枝、不乱涂乱画。

11. 尊重他人,遇到外宾有礼貌,不围观尾随。

五年级

1. 了解中国的历史发展,及新“四大发明”。

2. 有爱心,争做助人为乐的小标兵。

3. 有责任心,做错事情能勇于承担责任。

4. 说到做到,诚实守信,无法做到时能真诚地表达歉意。

5. 与同学融洽相处,处理好人际关系,不乱给同学起绰号。

6. 主动与家人交流沟通,用语礼貌。

7. 愿意与同学、老师分享自己的物质和精神资源。

8. 学会赞扬别人的优点和长处。

9. 坚持锻炼身体,用阳光积极的心态去面对生活。

10. 上完厕所要冲马桶和洗手,看见地面上有纸屑等要捡拾。

六年级

1. 体谅父母的辛苦,主动与父母沟通,在家主动承担家务劳动。

2. 感恩身边的人为自己付出的一切,知道心疼父母、长辈。

3. 遇事不冲动,能控制住自己的情绪。

4. 不到游戏厅、网吧等禁止未成年人入内的场所。

5. 用餐、购物时要排队,不随意插队加塞。

6. 遵守学校规章制度、班级规定,考试不作弊。

7. 遇到学习上、生活上的问题要勇于面对,不退缩。

8. 懂得珍惜粮食等,不浪费水资源。

9. 观看演出时,注意仪表、仪态,做到文明观赏。

第二节 课程方案

一、课程目的

“播种一种行为，收获一种习惯；播种一种习惯，收获一种性格；播种一种性格，收获一种命运。”从某种意义上讲，“习惯决定命运”。我国著名教育家叶圣陶先生说，“教育无非就是培养良好的习惯”。良好的习惯一旦形成，就会变成人生道路上前进的巨大力量，终身受益；反之，从小忽略良好习惯的培养，而让不良习惯任意滋长，必将贻误终身。道德教育也应遵循其基本规律，切不可脱离实际，追求“高、大、全”的德育，不从日常生活细节开始，忽视了基本良好习惯的培养。“万丈高楼平地起”，小学生良好道德行为习惯的养成，对全社会道德的发展影响深远。

“爱国、诚信、友善”，集中体现了社会主义核心价值观在个人层面的基本规范和要求。这个主题继承中华民族传统美德，紧扣核心价值体系，具有鲜明的时代特征，学校将系统对学生道德习惯养成方面进行培养。“不积跬步无以至千里”，关注一言一行，持之以恒，坚持训练，让学生以满腔的热情投入到学习践行社会主义核心价值观的活动中去。

二、实施时间

每年 10 月份。

三、课程主题

爱国、诚信、友善，养成道德好习惯。

四、课程内容

(一) 各年段道德好习惯养成教育目标内容

道德好习惯	低年级	中年级	高年级
爱国	1. 教育学生知道自己是中国人；知道“中华人民共和国”是中国的全称，北京是祖国的首都，10月1日是国庆节。 2. 尊重国旗、国歌、国徽，认识国家版图，会唱国歌，能熟练朗诵国歌歌词，知道国旗图案的含义，能自觉参加升旗仪式，升旗时要行队礼。	1. 能认识党旗、团旗、队旗。知道七一建党节和八一建军节，了解少先队的队史、性质和作用。 2. 了解家乡的物产、名胜古迹、著名人物，会绘家乡的版图，能收集一些家乡的史料和写一篇关于家乡的知识介绍，能充当义务小导游。 3. 了解祖国悠久的历史、灿烂的文化、秀美的山川和中国特色社会主义建设的伟大成就以及改革开放带来的巨大变化，培养热爱家乡、热爱祖国、热爱社会主义的感情和民族自尊心、自豪感，养成热爱祖国从小事做起，从爱家乡、爱家庭、爱学校、爱班级做起的良好习惯。	1. 知道中华民族曾一度积贫积弱，备受列强凌辱以及进行英勇反抗而终于自立于世界民族之林的历史，懂得“落后就要挨打”的道理，从而发奋图强，为中华之崛起而读书。 2. 知道我国是一个有56个民族的国家，能至少说出30个少数民族的名称和藏、壮、维吾尔、回等民族的分布区域。懂得只有各民族和睦相处，祖国才能繁荣富强的道理。 3. 知道香港、澳门和台湾自古就是中国的一部分和我国“一国两制”的政策，认识祖国的统一任重而道远，并自觉树立为祖国的统一大业而奋斗的理想。 4. 知道中日甲午战争博物馆的由来，了解邓世昌等人的英雄事迹。会讲校史。
诚信	1. 知道诚实守信是一种优良品质。 2. 不说谎话，不拿别人东西，捡到东西交给老师。 3. 有错敢于承认，借别人东西要主动归还。 4. 答应别人的事情要努力去做。	1. 懂得诚实守信是美德。 2. 诚实说真话，不隐瞒自己和别人的错误。 3. 答应别人的事情，要努力做到。 4. 做事情有责任心，认真负责，有始有终。 5. 做自动向上的“小主人”。	1. 懂得诚实守信是美德，是做人的基本准则。 2. 为人正直宽厚，不弄虚作假，不贪小便宜。 3. 做事情有责任心，要勇于承担责任。 4. 敢于抵制校内外的不良行为。 5. 培养诚信的态度，能对自己的言行负责，做到言而有信。树立良好的社会责任感。
友善	1. 能主动向长辈及邻里问好。 2. 尊敬、爱护和关心老人，尊重外地人、有困难的人或残疾人，对他们有礼貌，给他们力所能及的帮助和方便。 3. 不去打扰别人的工作和休息，公共场所不吵闹。 4. 做与同学合作的“小伙伴”。	1. 语言文明，待人有礼貌。 2. 遵守公共秩序，做文明小乘客（小顾客、小游客、小观众）。 3. 尊敬、爱护和关心老人，尊重外地人、有困难的人或残疾人，对他们有礼貌，给他们力所能及的帮助和方便。	1. 遵守公共秩序，做文明小乘客（小顾客、小游客、小观众）。 2. 在接受别人的帮助时，要微笑着向别人致谢；在别人不小心冒犯了你时，用微笑表示你的谅解。

(二) 道德行为好习惯月活动安排

1. 学生活动

(1) 10月8日，震川小学“震小歌颂祖国”红歌缅先烈诗歌诵读大赛。(参加对象：一至六年级学生)

(2) 10月10日，震川小学“感恩长辈，心系邻里情”关爱家人，给邻居奶奶送温暖活动。(参加对象：四至六年级学生)

(3) 10月14日，“争做诚信好少年”实践活动。(参加对象：全校师生)

(4) 10月16日，“给贫困山区的孩子送温暖，递爱心包裹”活动。(参加对象：全校师生)

(5) 10月18日，“我爱祖国妈妈”百米长卷绘画评比。(参加对象：全校学生)

(6) 10月14日至31日，全校开展“做最美学生”“好人好事记打卡”活动。参与家庭通过微信每天上传一张孩子与“爱国、诚信、友善”主题相关的道德行为的照片，并配一段文字。(活动结束评选出“班级最美学生”，各班选3名学生为候选人，参加校级评选。升旗仪式上颁发奖状)

(7) 10月23日，一、二年级开展“亲子绘本故事”活动，通过演一演、说一说来展示有关爱国、诚信、友善的礼仪故事，要求每班精选一至两个节目参与，由老师辅导，也可由家长辅导。(优秀节目参加学校艺术节表演)

(8) 10月24日，“班班唱红歌，生生爱祖国”歌唱比赛。(参加对象：全校学生)

(9) 10月25日，“心中有梦，我心向阳”爱国主义主题直播——震川学子走进昆山电台直播间。(参加对象：一、二年级4名小主持人)

(10) 10月30日，“建队70周年，争做新时代好队员”建队日活动。(参加对象：全校师生，部分家长)

2. 家校合作

(1) 10月，家长带领孩子去观看电影《我和我的祖国》。(参加对象：全校学生。五、六年级的学生写下200—300字的观摩心得，交给班主任)

(2) 10月16日，各班家委会协同班主任做好“给贫困山区的孩子送温暖，递爱心包裹”活动。

(3) 10月14日至31日，全校开展“做最美学生”“好人好事记打卡”活动。家长督促孩子的一言一行，以身示范，帮助孩子养成尊老爱幼、团结友善、热爱祖国的道德情操。

(4) 10月30日，“建队70周年，争做新时代好队员”建队日活动，每班5名家长做志愿者，共同协助，参与活动。

3. 教师引领

(1) 10月9日，举行教师红歌、朗诵比赛。

(2) 10 月 16 日，举行青年教师“初心不改，使命不渝”爱国主义学习沙龙。

(3)“班班唱红歌，生生爱祖国”歌唱比赛，教师给学生排练。（一年级《太阳最红，毛主席最亲》；二年级《我爱北京天安门》；三年级《团结就是力量》；四年级《党啊，亲爱的妈妈》；五年级《我爱你，中国》；六年级《我和我的祖国》）

五、活动延伸

1. 各类诵读活动、艺术类节目的颁奖暨震川小学“追贤慕德”艺术节闭幕式。

2. 优秀活动内容通过学校微信公众号推送。

六、氛围营造

1. 9 月 30 日，举行“爱国、诚信、友善，养成道德好习惯”国旗下讲话，动员宣传。

2. 10 月 1 日至 31 日，学校电子屏滚动播放“爱国、诚信、友善，养成道德好习惯”。

第三节　小敏校长讲习惯

“小敏校长讲习惯”是一个栏目，也是一门课程，是小敏校长多年来每周二上午给全校学生上的视频课。根据每个月的习惯养成主题，小敏校长一个月设计 4 个小课时，每个课时 10 分钟。将学生习惯养成过程中好的做法、出现的问题、想提出的希望以及要求、养成的方法介绍等，校本化备课，制作成图文结合、穿插视频的 PPT，然后录制微课，每周二上午 8:00—8:10 播放。同步在学校微信公众号发布，学生可以回看，家长也可以一起收看和回看。这一做法深受学生和家长欢迎。以下是道德行为好习惯的几个课例。

一、养成爱国好习惯:让爱国情怀渗入血液

(首先播放一段小视频，是五(1)班陆计扬同学自己录制的《我和我的祖国》)

小敏校长:同学们好，随着五(1)班陆计扬同学的歌声，我们开始今天的讲习惯，主题是“让爱国情怀渗入血液”。我们先一起来回顾 9 月至今玉峰实验学校“我和我的祖国”系列活动。

活动一:9 月 18 日前后，在老师们的带领下，我们开展了以“爱国”为主题的队会活动。随后，又开展了“童心绘祖国”黑板报展示。四、五、六年级参加了“祖国在我心中”电子小报制作比赛，“致敬伟大祖国”画信比赛。9 月 29 日上午 8:00，“我与祖国共成长”活动之“千人同歌，祝福祖国”在操场上隆重举行。陆娴主任的“国旗下讲话”抒发了玉峰人对祖国的深深祝福。伴随着庄严的旋律，全校师生挥动手中的国旗，单宇老师、蒋奕老师带着学生代表熊若溪、陈艺洋同学引领全校师生共同高唱《我和我的祖国》。

我们一起用最嘹亮的歌声向祖国告白——“我爱你，中国!”与此同时，学校少先队大队委和五(6)中队在操场上摆出“70”和爱心造型，鲜艳的红旗飘扬，这是金秋玉峰校园最美的风景。

活动二：10月1日上午，同学们和家人一起收看“庆祝中华人民共和国成立70周年大会”。在庆祝大会上，中共中央总书记、国家主席、中央军委主席习近平发表重要讲话，随后举行了盛大的阅兵式和群众游行。场面非常令人震撼，我选择部分镜头带大家重温一下当时场景。(播放视频)

活动三：观影《我和我的祖国》。小敏校长也去看了，可能是我们这一代人经历得比同学们多，我看了很是感动。

《我和我的祖国》由7个短片构成，分别取材自70年来新中国经历的7个经典历史瞬间，讲述了普通人与国家看似遥远实则密切的关联，从微缩的个体生命透视宏大的时代。

如第一单元《前夜》，讲述了1949年10月1日开国大典前夜，天安门广场旗杆设计安装者林治远等人争分夺秒，克服重重困难，保障开国大典上第一面五星红旗顺利升起的故事。

1949年10月1日，在天安门广场举行的开国大典上，毛主席向全世界宣告中华人民共和国中央人民政府成立了，亲手按下电动升旗按钮，新中国第一面五星红旗冉冉升起。

对于每一个国人而言，这都是意义非凡的历史瞬间。开国大典的升旗仪式，首次使用了电动装置升旗，那也是升起的第一面新中国的五星红旗，意义重大，不容有失。“立国大事，必鞠躬尽瘁”，林治远向领导立誓。彻夜不眠的他，争分夺秒反复调试，确保万无一失。他攻克重重难关，向来恐高的他最终克服心理障碍，爬上20多米高的广场旗杆，解决了技术问题。

再如第二单元《相遇》，是以1964年我国第一颗原子弹爆炸为背景，讲述了国防科技战线上的无名英雄刻骨铭心的爱情故事，他们隐姓埋名，远离至亲至爱之人，将自己的青春奉献给了祖国。

电影中的高远和方敏，是许许多多国防科技战线上的无名英雄和他们家人的缩影，一旦“许国”，便只有相遇，没有相聚。这一幕深深地打动了我，让我们一起向那些为我国国防科技工作默默付出的无名英雄们致敬!

因为时间有限，还有5部分短片我就不一一介绍了。我建议还没有看过该部影片的同学们抽空去看，去了解祖国70年的发展，去感受我们今天富裕、安定的生活，不是轻易得来。请让爱国成为我们一种渗入血液的习惯。

爱国习惯、爱国情感是人类社会的一种高级情感。它是人们对自己祖国的热爱，以及对危害祖国利益的人或事厌恶和憎恨的一种情感。其核心内容是个人对祖国的归属感、自豪感、保卫心等，这是爱国的最起码标准。在我们的升旗仪式上，守纪肃立，尊敬国旗，唱响国歌，是爱国；在已经到来的10月体育节中，积极参与，强健身体，是爱国；在我们的学习生活中，上好每一节课，学好知识，掌握更多的科学文化，才能谈报国。

同学们，让我们一起行动吧，为实现中华民族伟大复兴的中国梦而努力奋斗每一天！

二、养成敬长好习惯：我们家的中秋节

小敏校长：同学们好，这几天，小敏校长收到了很多同学的来稿，因为时间有限，小敏校长邀请了5位同学一起来说说自己家的中秋节。5位同学好。

根据史籍的记载，“中秋”一词最早出现在《周礼》一书中，距离今天已有两三千年了，《周礼》中有“中秋献良裘”“中秋夜迎寒”的记载。但那时的“中秋”只是单纯的月令时间，并无节日之意。到魏晋时，有“谕尚书镇牛淆，中秋夕与左右微服泛江”的记载（这句话的意思是：谕尚书镇守牛淆的时候，中秋节的晚上，与他的随从人员，化装成普通群众乘船游江）。直到唐朝初年，中秋节才成为固定的节日。

中秋节，又称月夕、秋节、仲秋节、八月节等，自古便有祭月、赏月、拜月、吃月饼、赏桂花、饮桂花酒等习俗，这些习俗有的流传至今，经久不息。我们先请四(1)班朱奕浩同学来说说他们家的中秋节。

朱奕浩：中秋夜晚，丰盛的晚餐过后，妈妈从一个精致的盒子里取出月饼招呼我和哥哥。“吃月饼啰！”我高兴得又蹦又跳。苏东坡有诗云：“小饼如嚼月，中有酥和饴。”月饼形状酷似月亮，金黄饱满，皮薄肉软。我们围坐在桌子边，馋嘴的我迫不及待地尝了一口，软糯可口的月饼，口感丰富，真好吃！见我一脸享受，妈妈乐呵呵地说：“月饼吃太多会腻的，吃一口香甜的月饼，再抿一口茶，那可是人间美味呀。”我满脸期待地试了一下，果真如此。柔和的月光下，妈妈建议说：“今天咱们举行一个吟诗大赛吧！关于月亮的吟诗大赛。”我快速地举起右手，兴奋地从椅子上跳起来：“举杯邀明月，对影成三人。”哥哥脱口而出：“海上生明月，天涯共此时。”妈妈也不甘示弱：“春风又绿江南岸，明月何时照我还？”我模仿古人读书的样子，晃着脑袋说：“明月几时有，把酒问青天，不知天上宫阙，今夕是何年。”“小时不识月，呼作白玉盘。”哥哥念完嘿嘿地笑了起来，他心里肯定觉得自己一定能赢了我。我慢悠悠地清了清嗓子：“露从今夜白，月是故乡明。”“真不错！”妈妈给我献上了响亮的掌声。

小敏校长：真的不错，朱奕浩过了一个诗情画意的中秋夜。从月亮的诗句我联想到了“每逢佳节倍思亲”，虽然现在交通发达，我们已经不存在思乡却因路途原因回不了家的情况，但因为工作原因，有的家庭还是经常会有家人缺席中秋团圆。让我们来听听三(3)班陆令仪同学的“美中不足”的中秋节。

陆令仪：月是中秋分外明，花好月圆人团聚。然而，从我记事起，我家的中秋节就没有哪一年是全家一起度过的。

我的爸爸妈妈都是人民警察。他们总是早出晚归、忙忙碌碌，值班、加班是家常便饭，照顾我的时间少之又少。每年中秋节，不是爸爸有任务，就是妈妈值班。每年中秋节晚饭，爷爷总是烧一大桌美味菜肴，好让全家人美餐一顿。可是，我们家的饭桌上不是少了爸爸，就是少了妈妈。他们只能通过电话或者视频跟我们问好，并承诺明年中秋节肯定能陪我。可我心里清楚，他们的“明年”是永远等不到的。渐渐地，我开始不喜欢中秋节了，甚至有点讨厌它。

上个星期天，爸爸带我去他们公安局参加警营开放活动。我参观了公安局局史馆，看到了很多铜像。我问他那些都是什么人，爸爸告诉我，那些都是昆山市公安系统的烈士，他们都是为了保护人民群众而壮烈牺牲的。

我突然明白：我们如今能够安居乐业，就是靠着人民警察的辛勤守护。顿时，我觉得爸爸妈妈是那么的高尚，他们总是忙着为人民服务，我不应该总是责怪他们没时间陪我。今天上午出门时，爸爸面带愧疚地告诉我，今年的中秋节他又要值班了。我笑了笑，对爸爸说：“您辛苦了！”

小敏校长：陆令仪同学的爸爸妈妈在用自己独特的方式守护着中秋、守护着明月、守护着大家的团圆。让我们一起用掌声感谢他们，感谢光荣的人民警察。（6 位同学、小敏校长一起鼓掌）还有二(4)班徐晟豪同学家今年的中秋也特别不一样。

徐晟豪：是的，小敏校长好，这个中秋节，刚好是我大哥哥应征入伍成为一名中国人民解放军战士，马上要去一个他都没去过的地方——澳门当兵了，就是和港珠澳大桥有关的那个地方。我大哥哥以后几年都不能和家人过中秋团圆节了，我很伤心，妈妈告诉我说，大哥哥是去保家卫国，是为了中国的大团圆。

看，这是我们团圆饭的照片，胸前戴着大红花的就是我大哥哥。

妈妈说得对，在我们每个同学的生活中，都有小家也有大家，有小团圆也有大团圆，有了大团圆才能有更多小团圆，解放军叔叔、警察叔叔、城管叔叔等，都是为了大家的大团圆暂时舍弃小团圆的人，是心里有大家的人，是值得敬佩的人。

小敏校长：最后让我们一起来回放在平安富强的中国、经济繁荣的昆山，同学们的中秋活动。（播放视频：六(4)班王一贻同学一家看中秋晚会；三(3)班开心欣等同学的汉服小穿越；一(7)班宋学熙同学、二(7)班张城嘉同学等学做月饼；一(7)班王一诺、六(4)班陆辰昊、二(6)班李伊禾等去周庄看中秋灯会等）

因为时间有限，不能全部展示同学们有意义的家庭中秋生活，最后小敏校长请张城嘉和王一诺同学代表大家说说感想来结束今天的讲习惯课程。

张城嘉：中秋佳节，我们一起开开心心过节，我学会了做月饼，看望了太奶奶，又充实又快乐！

王一诺：昆山灯会展出了许多新奇有趣、造型独特的灯，吸引了大批游客，热闹非凡，祝我们昆山，祝我们伟大的祖国蒸蒸日上！

三、养成规则好习惯，安全生活每一天

小敏校长：同学们好，今天“小敏校长讲习惯”的主题是“养成规则好习惯，安全生活每一天”。同学们可能会说，哎呀，遵守规则我们都知道，不用讲哪。但校长还是要讲。因为上周一，我在校门口值班，看到了很危险的一幕。

事情是这样的：上周一，11 月 18 日，跟昨天一样，既是降温，又是雨天，马鞍山路上有点堵。在我们学校东门口，有的爸爸妈妈开车送同学们上学时，担心孩子迟到，就违反规则，将车直接停在了大马路上，由学生自己下车走到东门。结果发生了两起事故：一个是一位三年级的学生将车门打开的时候，车门把后面驶来的电瓶车撞倒了，电瓶车坏了，所幸没有人员受伤情况；另一个是一位一年级的同学也是在大马路上下的车，从机动车道穿过非机动车道走到校门口时，晕晕乎乎地自己撞到了一辆等在上学点的电瓶车上，摔倒并轻微骨折了。

这两起事故，都是我们学生和家长的错。我们学校明确规定，机动车(即小汽车小轿车)送同学们上学的，必须从东门进，而且必须提前驶入校门口的非机动车道，然后在有家长志愿者的点位停下，由家长志愿者开车门、关车门，引导学生走到安全地进校门。

而这两起事故中的家长和学生都没有按照学校制定的规则来执行，所以第一起事故，开车门时车门撞倒了电瓶车的，由学生家长赔偿；第二起事故中，轻微骨折的治疗费用由我们学生自己来承担。所以说，遵守规则太重要了，不遵守就会出事故。

在我们的校门口，有很多风险点。在今天的“讲习惯”中，小敏校长再强调以下三点安全注意事项：一，坐车上学的同学，请务必从东门进，请父母务必将车提前驶入非机动车道，停在有家长志愿者的点位，由家长志愿者开门引导。如果家长志愿者没有看到你，请将车窗摇下来示意一下，或者打一下招呼。下车后谢谢家长志愿者阿姨、叔叔，还有老师。

遇有恶劣天气早点出门。偶有睡过头的，迟到一会儿跟老师解释。就是不能为了赶时间冒险在大马路上自己下车。

二，坐电瓶车上学的学生，一定要请家长，特别是爷爷奶奶将电瓶车停在禁停区域的两侧。这是禁止停车的标识，一个黄色的长方形中画了个大叉，正对着校门进口，电瓶车停在这里会阻碍其他学生进入校门，绝对不能将电瓶车停在这个禁停区域。

三，坐电瓶车也好、坐小汽车也好，下车的准备工作早点做好，别到了校门口了，还在整理书包、戴红领巾等，车辆在校门口停留的时间长了，就会拥堵甚至出事。

在西门上学的同学，主要是注意教师车辆的驶入。因为教师的车辆在上学时间段驶入校园的有 150 多辆，而且马鞍山路(校门口的马路)是交通密集路段，不能被堵住，所以我们学校的规则是人让车。即同学们看到教师车辆驶入校园，要停一下脚步，让车先走。

同学们，在学校，存在安全隐患的不只是早上在学校门口，还有一个时间段也是要

提醒大家，那就是食堂二楼喝牛奶的时候。我们三到六年级是在食堂二楼喝牛奶的，因为喝牛奶的时间很短暂，只要 1 分钟左右，所以出去的时候就很堵。

五、六年级从东门出，东门出口很小，不能挤在一起走；下楼梯时更危险，不能勾肩搭背，更不能打打闹闹，一旦在楼梯上出事，就是大事。很多学校发生的踩踏事故均是发生在楼梯上。队伍中如果有想系鞋带的，请快速移步到墙边或路边再蹲下系，不能在通道的中间突然停下、蹲下系鞋带，既挡住了道路，也给自己带来危险。

下面，小敏校长再来说说用餐的规则，这个以前讲过，但总有学生记不住。今天再啰嗦一遍。我们玉峰实验学校全体学生的用餐规则是：安静有序；"光盘"用餐。

安静用餐，是请排队进食堂时安静；到窗口领餐时安静；领完餐回到座位将凳子拿下时安静；吃饭时安静；吃完后将凳子摆上去时安静；倒餐盘时弯腰轻放小碗安静；用餐完毕后马上离开食堂。目前，我观察下来，还存在有学生用完餐后在食堂等候好朋友一起走，讲话，这不允许，请饭后迅速离开食堂；有同学在添汤、添饭的地方聚在一起讲话；有同学拿下凳子、摆上凳子的时候重手重脚，发出很大的响声。请从今天开始改正。我待会儿中饭时和值班老师、值班小干部一起检查大家的落实情况。

再说"光盘"。我们的开饭时间 1—3 年级是 11:10 分，4—6 年级是 11:15 分，到放学时间低年级的 3:30，高年级 4:15，共计四五个小时，如果不"光盘"、不吃好中饭，下午肯定是会饿着肚子上课的，既影响了上课的效率，还会得胃病。一旦得了胃病，要根治就很难了，你就会终身痛苦。"光盘"不是为了应付学校检查，不是为了不被老师批评，小敏校长提出的"光盘"理念，纯粹是为了全体同学的身体健康。当然，有的有点肥胖的同学，校长也要提醒，不要再去添加饭和菜，注意节食，把阿姨打给你的饭菜吃完就行了，否则就更胖了。肥胖也是很可怕的，也会得各种病，难以治愈。

最后，我要讲的是升国旗时的规则。记得在体育节开幕式的那天，我们的第一个仪式是奏国歌升国旗。一位家长代表跟校长反映情况说，小敏校长，升旗仪式是非常严肃的，是爱国表现的最细微处，但是她看到了玉峰有的班级，有的同学，升国旗时竟然还在说笑。

2009 年新修订的《中华人民共和国国旗法》第十三条规定："举行升旗仪式时，在国旗升起的过程中，参加者应当面向国旗肃立致敬，并可以奏国歌或者唱国歌。"也就是说，参加升旗仪式时，肃立致敬是已经写入法律的规则。不遵守这个规则，是违法的行为。

我们玉峰的要求是：升旗仪式时，互相间隔一个手臂的距离组织好队伍、站立好。拉开距离也是为了预防大家讲话。所以请老师们也注意，升旗仪式的队伍，前后同学的距离是一个手臂。请在奏国歌前整顿、维持好各班级的秩序，人人做到肃立致敬。老师也一样，肃立致敬，不能讲话。

时间过得很快，"小敏校长讲习惯"课程又将结束。规则还有很多，希望同学们像我们法治黑板报上说的那样："勿以恶小而为之"，从小养成良好的道德好习惯，懂规律，守规则。今天的讲习惯到此结束，谢谢收看。

第四节　年级实践课程

年级实践课程是指围绕当月习惯养成主题，年级组老师一起研讨、设计的年级组大课。有的课型是一个专题的系列实践课程，有的是根据开展了一个月的习惯养成活动，学生的作品呈现、展示、义卖活动，如下面的道德行为习惯养成(友善专题)的年级组实践活动课程。

一、活动主题

昆疆助学——爱心传递，真情互动。

二、活动目标

结合学校开展的道德行为习惯“友善”小专题，同时根据3月份劳动实践课程中的作品很多，不知如何处理的情况，德育处策划了五年级组的“鹿城益空间义演义卖”实践活动。五年级全体同学将在基地活动课程中制作的陶艺作品，在家庭烘焙课程中制作的饼干、糕点，以及在学校读书节活动中跳蚤市场上购买的已经阅读过的书籍等等，带到益空间广场进行义卖。

三、活动适用年级

中高年级。

四、活动内容

具体活动安排如下。

时间：2019年3月23日周六下午13:30活动正式开始。

地点：昆城广场3号楼B1舞台(地下车库可以停车)。

参加人员：昆山市玉峰实验学校五年级师生及家长。

活动策划：玉峰实验学校德育处。

活动主持：五(6)班魏佳晟、五(5)班周博。

节目安排：

1. 活力啦啦操《炫动舞台》　表演：玉峰啦啦操表演队。
2. 中国舞　表演：五(1)班吴嘉倪、刘圣洁、庄怡轩、方思雨、樊雅诺、李欣娜。
3. 朗诵《中国梦我的梦》　表演：二(5)班。
4. 单口相声《半路杀出个程咬金》　表演：五(6)班魏佳晟。
5. 活力花绳　表演：五(4)班杨沈豪、高祺渊，五(6)班郭胜豪，六(3)班郭胜嘉。

6. 火热拉丁　表演：五(6)班赵锦添、五(4)班尤思铁、五(5)班王俊博、五(3)班朱彦熙。

7. 小合唱《明日歌》《少年中国》　表演：四(1)班、四(6)班。

8. 街舞串烧　表演：五(3)班沈睿维、五(2)班奚望、五(6)班陈弈博。

9. 活力啦啦操《我们一起喜洋洋》　表演：玉峰啦啦操表演队。

10. 经典传颂《争做新时代好队员》　表演：五(2)班。

义卖物品参考：

1. 书籍：下周国旗下讲话时征收，一至三年级每班 1—15 本绘本类图书，四至六年级每班 10—15 本名著类书籍，班主任把关，确保八九成新。

2. 家庭闲置物品：每班 5—10 件(全新或八成以上新)；三(5)班提供自制手编袋。

3. 学校特色物品：玉峰娃书签、"十六艺"作品等。

4. 学校 3 月劳动习惯养成主题教育系列活动中所制作的各类作品：点心、饼干、小物件等。

人员安排：

1. 义演统筹：蒋帛伦妈妈、冯嘉俊妈妈、魏嘉晟妈妈、邓欣悦妈妈、汪圣钦妈妈。义卖统筹：王昱涵妈妈、慈善总会工作人员。

2. PPT、音乐播放：李秦、汤钧。

3. 录像、耳麦话筒：郑荫达。

4. 舞台演出调度及候场准备：杨薇薇。

5. 志愿者服装(红马甲)、义卖展台桌布(义卖品多的话准备地垫)及 200 个马甲袋准备：汤钧。

6. 拍照、微信制作：徐星、杨晓玲、汤钧。

7. 其他妈妈、爸爸负责好义卖。

其他安排：

1. 2019 年 3 月 23 日中午 12 点到达现场彩排，13:30 开始正式表演。

2. 所有表演节目需要的音乐(伴奏音乐，请相关班主任自行准备格式为 MP3 的音乐)或背景图，周三前发送给汤钧老师，周四前到昆城现场调试。

4. 乐器、化妆和表演服装自行准备好，并在家长陪同下自行到达昆城广场。

特别说明：

义卖物品由各义卖人自定价格，义卖收入全部捐于昆山慈善总会后转昆山新疆育才学校。

第五节　班级活动课程

班级活动课程是各班级班主任老师们根据习惯养成主题、班级学生学情创造性设计的课程，主要在班会课、队会课上实施。全校根据低、中、高年级进行系统设计，明确养成方向，然后由各班级班主任老师个性化备课。

以道德行为好习惯为例，各年段的建议课题有：

主题 年段	爱国	诚信	友善
低	我和我的家	诚信是个宝	请帮我一下
	加入少先队啦	言必信 行必果	课间十分钟
	国旗 国徽 国歌	我不能失信	合作真快乐
	我与汉字	做个诚实的孩子	做个友谊娃
中	我读《小英雄雨来》	做人的根本——诚信	做“五好”小学生
	天下兴亡 匹夫有责	做一个诚信好少年	我们班 他们班
	爱祖国 立大志	诚信——为了每个学生成功	友善处处在 关爱你我他
	爱我中华	人人都要讲诚信	说说家人的公益
高	红红的中国结	考试以后	我与集体共成长
	我们神圣的领土	诚信是金	读懂彼此的心
	走近昆山籍院士钱七虎	人人知诚信 人人讲诚信	我参与 我奉献
	富起来 强起来	诚信伴我成长	学会沟通交流

以下以“我与集体共成长”活动课程为例。在后面的几章中，我们都会在此部分列举和主题有关的一个班级活动案例。

一、活动背景

学生的优点是活泼好动，善于思考和发问，表现欲望强烈。缺点是发生问题容易互相责怪，做事缺乏毅力，部分同学自控能力差。具体表现为当班级遇到问题时，同学们首先想到的不是如何解决问题，而是互相责怪，虽然很有集体荣誉感，但对于如何为班级争光思考的不多。另外，部分自控能力差的同学虽然认识到自己的缺点，但是在改正的过程中却缺少毅力，不能够坚持。因此，希望通过活动加强学生间的互帮互助互爱，对班级产生更亲切的归属感，培养学生积极向上的情感倾向。

二、活动目标

1. 使学生认识集体的作用，认识他人对自己的帮助，尽快融入集体，积极参与班集体的建设。

2. 培养学生爱校、爱班、爱他人的感情，在各方面力争上游，努力提高整体素质。

三、活动适用年级

五、六年级。

四、活动过程

（一）故事导入:《盲人和瘸子》

讲述故事:在一个破庙里,住着一个盲人和一个瘸子,他们经常为了抢占向阳通风的窗户而争吵不休。有一天,破庙突然着火了,瘸子的腿脚不便走不了,盲人的眼睛不便也走不了,眼看两人就要被活活烧死,在这紧要关头……

请同学起来给故事续个结尾。

学生交流。

生:盲人终于说话了:“我们还是团结合作吧,我背着你,你给我指方向,咱们一起逃出去吧!”就这样,他们两人都逃过了这次劫难。

师:盲人和瘸子的故事告诉了我们什么?

生:团结就是力量。

师:一个人的力量是渺小的,世界上没有孤立的人,一个人总要处于集体之中,或处于家庭中,或处于工作单位中。集体与个人是休戚与共的关系,集体离开了个人,就成了无本之木;个人离开了集体,就像鱼儿离开了水。

（二）夸夸我们这个班集体

师:我们这个班集体在过去的一年多时间里取得了哪些成绩?

学生回顾,自由谈。

师:我们这个集体有哪些优点呢?下面,请大家十人一组,用“我们班有千千万万个优点,我来说一个……”的句式来夸夸我们班。其中一人做书记员,一人做发言官。

(设计意图:一方面让学生通过发掘班级的优点,更热爱这个集体,增强学生的主人翁意识;另一方面通过学生的交流,增进彼此之间的亲密感。一个班级凝聚力的大小取决于班级成员间的亲密度的大小)

（三）游戏“同舟共济”

师:下面再请大家分小组做一个小游戏。假设一场洪水来临了,4 个人一艘小船(一张报纸),必须每个人的脚都站在船上(报纸上)坚持 5 秒钟以上,如果有一个人的脚在船外,这个游戏就失败了。

学生做游戏。

4 个人选出一个组长来指挥,而且成员之间要互相帮助。为增加挑战的难度可把报纸一步步越折越小。

(设计意图:培养学生学会团队成员之间相互信任、相互鼓励与支持;同时,培养学

生协作解决问题的能力，强化对团队精神的理解与感悟）

（四）集体因我而美丽

1. 认识我自己

分小组完成这个活动，十人一组，分别介绍自己的优点、特长。

师小结：听了大家的发言，我觉得我们班是一个优秀的班集体。我们班有这么多优点，离不开每位同学为班级所做的贡献。请大家用“我对于班级很重要，因为……”的句式，说说我为班级所作的贡献。

（设计意图：使大家能深刻地认识到自己是班级不可分割的一部分，认识到对于班级而言，每个同学都对班级起着至关重要的作用，从而让学生更积极更主动地参与到班集体的建设中来）

2. 同学眼中的我

还是组内完成这个活动。

师：请同学用循环问答的方式，告诉同学你眼中的他（她）有哪些优点。用“班级离不开你，因为你……”这样的句式来表达。

（设计意图：借其他同学的眼来发掘自己身上的其他优点，让每位同学都对自己充满自信，更进一步认识到自己对于集体的价值。同时，通过交流，增进同学之间的感情，增强班级的凝聚力）

3. 歌曲《隐形的翅膀》

师：听了同学对你的评价后，我想每个人一定既感动又惊喜。原来自己这么重要。实际上每个人都有无限的潜能，就好像每个人都有一双隐形的翅膀，这些潜能可能暂时没发掘出来或者自己没留意到而已。要对自己充满信心！

（播放歌曲《隐形的翅膀》，设计意图：调节气氛，激励大家）

（五）我在集体中成长

1. 表演小品《蜕变》

主要内容：曾经十分内向，在网络的虚拟世界中迷失了自己的小涛，在得到了班集体的温暖后，找回了自己，戒掉了网瘾，变得活泼开朗了，成绩也有所提高。

（设计意图：通过这个小品让学生意识到良好的班集体对于个人成长的作用）

2. 成长的脚印：跟同学分享我在集体中成长的故事

（设计意图：让学生意识到在为集体做贡献的同时，自己也在成长）

（六）制作许愿树

1. 师：作为这个集体中的一员，你一定希望这个集体的未来更美好。请每个同学想一件自己能为班级做的事情，写下来，贴在许愿树上，相信你们一定能实现这个愿望的。

2. 学生动手写下心愿，共同制作许愿树。

（七）同唱歌曲《明天会更好》

教师总结：集体主义精神是沃土，有了它，你就能生长出鲜花和果实；集体主义精神是熔炉，有了它，你就能炼出真金；集体主义精神是阳光，有了它，你和你的班级就会朝气蓬勃。维护班集体，需要我们每个人来付出努力，只有所有人都真正地参与到集体中去，它才能更好地发展。让我们共同期待班级的明天会更好！

五、活动反思

意大利诗人但丁有句名言：一个知识不全的人可以用道德去弥补，而道德不全却难以用知识去弥补。对于从事任何工作的任何人来说，思想品德都是难以忽略的。但是，以往以道德知识的传授与学习为特征的品德教育片面强调品德的内容结构，忽视了品德的形式结构。对道德知识传授的强调、对道德知识的记诵与理解，让我们的学生学习到的只是“关于道德的知识”，并没有直接转化为道德行为。事实上，“儿童学习的内容应该是他们生活中的内容。道德寓于儿童生活的方方面面，没有能与生活分离的‘纯道德的生活’”。儿童品德的形成源于他们对生活的体验、认识和感悟。《义务教育品德与生活课程标准》（2011年版）指出，新课程的基本理念之一：“只有源于儿童实际生活的教育活动才能引发他们内心的而非表面的道德情感、真实的而非虚假的道德体验和道德认识。”

本课的设计，根据课程标准要求通过多种教学活动，帮助学生获得丰富的情感体验、形成积极的生活态度、养成良好的行为习惯，倡导学生的主动参与，强调寓教育于活动之中。我努力使教学走进生活，贴近学生，创设开放、互动、活泼的教学情境，营造自由、民主、愉悦的课堂气氛，给学生充分参与的机会，在这样的实践体验中，学生的情感得以激发，把教学的需求转化为学生的需求。

第三章　学习好习惯

第一节　各年段目标内容

人的一生，就是学习的一生。培养学习好习惯，特别是有目的、有计划的学习好习惯，对每个人一生的发展和提高，对在事业、家庭、社会活动等各方面获得成功都具有重大意义。

我们的学习好习惯养成专题的关键词是“好学、善思、探究”，分低、中、高三个学段，目标内容如下。

一、二年级

1. 喜欢学校生活，自觉融入学校各种学习活动。
2. 爱护书本等各类学习用具。
3. 说话完整，声音清楚、响亮，说话态度自然大方。
4. 上课注意听讲，积极举手回答提问，课后作业不拖拉。
5. 童言无忌，能把心中的疑惑大胆表达出来。
6. 有奇思妙想，乐于与家长、老师、同学交流自己的想法。
7. 保持正确的读写姿势，养成良好规范的书写习惯，书写端正。
8. 勤于课外阅读，勤查字典，主动解决学习中遇到的困难。
9. 经常动手玩做小实验，探究感兴趣的领域。

三、四年级

1. 自主预习、复习。
2. 能广泛阅读，读书有选择。
3. 自觉地运用工具书解决学习中碰到的问题。
4. 乐于倾听，养成边听边记的习惯，能把握要点再简要转述。
5. 学会搜集材料，获取简单信息，能根据阅读内容，发表看法。
6. 学会整理复习的简单方法，逐步形成自我评价的能力。

7. 坚持写日记。

8. 养成自己独立阅读课外书的习惯,每天阅读不少于30分钟。

9. 打卡昆山各青少年学习基地,完成自有探究题。

五、六年级

1. 养成乐于参与讨论、有针对性说话、敢于发表不同意见的习惯。

2. 遇到问题或根据学习要求,能自觉上网或到图书室查阅并筛选资料。

3. 能制定学习计划,合理安排学习时间。

4. 学会自己整理复习的方法,形成自我检测、自我评价的能力。

5. 质疑问难,对错题能自觉分析原因及时订正。养成自己整理错题本的习惯。

6. 课后复习知识,学会举一反三,愿意和同伴分享解题思路,能较流利地表达自己的思考过程。

7. 坚持写日记,读书做笔记。

8. 根据自己的爱好,寻找书目,坚持有选择地阅读文学作品、浏览当天报纸和近期书刊。善于探究书中的知识,会做小实验。

9. 形成相对固定的学习小组,能和小组成员进行简单、友好、有效的合作。在小组中能聆听别人的意见、大方地发表自己的意见,顾全大局。

第二节　课程方案

一、课程目的

儿童学习问题的核心是学习习惯,最佳解决时期是小学阶段。学习好习惯诸多,我们课题组根据小学阶段儿童的身心特点,确立了养成学习好习惯的三个小专题——好学、善思、探究。

好学是学习好的第一特征,更是第一动力。只有好学才会真正地主动学习,而主动学习才是真正有效的学习。所谓兴趣是最好的老师,讲的正是这个道理。因此,父母与教师的最大魅力,便是引导孩子热爱学习。

善思是一种能力,更是一种好的学习习惯。根据脑科学知识,动脑才是学习,有了深层的理解与掌握,才能有效提高学习的效率。如果长期懒得思考问题,就失去了思考能力,更无法形成思考的习惯。

真正的学习是探究,人生下来就是一个学习者,会逐步形成不同的学习需要。认知需要是最重要最稳定的内在学习动力,而认知需要就是喜欢探究的需要。因此,从小培养孩子喜欢探究的习惯,播下爱科学的种子,珍惜孩子的好奇心,这是极为关键的。

二、实施时间

每年的9月份。

三、课程主题

好学、善思、探究，养成学习好习惯。

四、课程内容

（一）低年段（一、二年级）

1. 开展“十六艺”兴趣小组活动

每周一我们学校都会有一节课作为兴趣课，学生自主选择兴趣爱好。下表就是低年级的“十六艺”安排。

静态“十六艺”	动态“十六艺”
手工制作	羽毛球
创意泥	篮球
超轻、趣味黏土制作	棒球
揉纸画	民间游戏
装饰画	舞蹈
简笔画	小主持人
衍纸	象棋
折纸	
乐高	
硬笔书法	
纸盘贴画	

我们给课程设置了“十六艺”财富卡，还会在每学期进行“十六艺”的动态和静态展示。

2. 组织学生积极参加各类课程和比赛

主要有：积极参加学校的“十六艺”、社团及比赛活动。根据自己的兴趣爱好和特长认真参加自己的课外兴趣班。平时鼓励学生多做做手工小制作、小实验，多看看书等，培养自己的一项兴趣爱好。

另外：一些地区性的全国性的比赛我们也会挑选有能力特长的学生进一步培养，积极参加。比如游泳比赛、建模比赛、纸飞机比赛、机器人比赛、空模比赛、征文比赛、书法比赛……

3. 开设社团活动

针对低年段，每周二、周三都会有一些社团活动，让学生能在学习之余作为兴趣爱好参加。例如周二书法社团活动，周三尤克里里、国学、创客、小昆班社团活动，周五围棋社团活动等。

每个孩子都是不同的，要鼓励孩子在认真学习的基础上，找到自己擅长的或者是爱好，引导孩子深入学习和发展，把爱好变成自己的长项并且持之以恒，以利于今后的专业选择和就业。

我们老师在以下3个方面应该主动作为：

1. 课程教育延伸。利用晨会、班会的时间设计和各类兴趣特长有关的活动项目，让学生知道更多样的兴趣活动，帮助学生找到他们感兴趣的可以发展的兴趣爱好，激发学生的学习兴趣和自信。

2. 班级每学期定期开展节目表演。比如六一儿童节活动、迎新年班班唱活动、诗朗诵活动。家长和孩子讨论之后报节目单，最后汇总演出。

3. 积极参加各类社会活动。教师根据学生特长，推荐孩子参加小记者，或者养老院慰问老人表演等志愿者活动。

有条件的家长则需支持学生课外兴趣课程的学习。因为低年级学习压力比较小，很多低年级学生的家长会给孩子报一些兴趣班。有的是为了锻炼身体，增强孩子的体质，比如：游泳、跆拳道、足球、羽毛球；有的是为了发展孩子的一项兴趣特长，比如：舞蹈、画画、钢琴；有的是为了对学习起到更好的辅助作用，比如：书法；有的是为了培养孩子的智力，比如：围棋、乐高、编程等；有的是为了塑造孩子的性格，让他更勇敢会讲话，比如：小主持人……

在这方面我们提倡应该根据孩子的实际情况合理安排好课业学习和兴趣特长的学习，让孩子们能感受到快乐。

（二）中年段（三、四年级）

1. 阅读之星评选活动

（1）从9月1日起，能坚持完成“21天阅读打卡计划”。要求：每天独立阅读时间不少于30分钟。能坚持21天阅读打卡，由班级推荐为“班级阅读之星”，能坚持一个学期的推荐为“玉峰阅读之星”。

（2）每周每班开展一次好书推荐活动。

2. 玉峰科技明星赛

（1）每周由科学老师布置一个主题，比如：“科技创新小制作”“科普知识竞赛”等，学生以小组为单位自愿报名参加。

（2）以学习小组为单位，打卡一次昆山青少年学习实践基地，完成小组观察日记。

（3）一个月下来，每班选出2组进入决赛，由相关科学老师组织，评出“玉峰科技明星”。

3. 汉字听写大赛

(1) 各年级在班级初选后，推荐5名同学，组成代表队。

(2) 每个代表队参加学校相应年级(三、四年级)汉字听写大赛，比赛内容由三、四年级语文老师确定。形式内容可参照如下：

活动第一环节：沙场点兵(日常易错字)

本环节分为五轮，第一轮由5名1号选手轮流答题，第二轮由5名2号选手依次答题，第三到五轮以此类推。由老师读易错字词，选手迅速在题板上写上生字。本环节写对一题加1分，写错不加分，每题答题时间限定为15秒，超时答题无效。

活动第二环节：争分夺秒(百词听写)

根据各年级段所要求积累的词语来出题，由教师读词，所有选手在答题板上听写。依据每小组的正确率给分，前五名的小组依次加10分、8分、6分、4分、2分。

活动第三环节：一决高下(成语比拼)

随机抽取小组的对手，每小组派一名代表给对方小组出题，题目为语文书上的任意10个成语，对方小组则派一名代表作答。本环节写对一题加1分，写错不加分，每题答题时间限定为30秒，超时答题无效。

活动第四环节：群雄逐鹿(看图猜猜猜)

决赛小组入座，各组派2名代表上场抢答。由主持人出示有关词语、成语、歇后语等的图片，选手抢答，答对一题得2分，答错扣1分，每题答题时间限定为30秒，超时答题无效。

最后得分将以累计积分的形式确定胜负，若遇到相同分数，不能分出名次时，即进行加时赛，加时赛即为抢答赛，回答正确，自己得分，反之，对方得分。

学校给每一位家长发一份活动倡议书，让家长了解好习惯月活动情况。家长通过网上课程，学习培养学生的好习惯的方法；督促并检查孩子的完成情况，填写下表。

年段	项目	内　容	自评	家长评	教师评
中年段	趣	自主预习复习。			
		能广泛阅读，读书有选择。			
		自觉地运用工具书解决学习中碰到的问题。			
	思	乐于倾听，养成边听边记的习惯，能把握要点再简要转述。			
		学会搜集材料，获取简单信息，能根据阅读内容，发表看法。			
		学会整理复习的简单方法，逐步形成自我评价的能力。			
	做	坚持写日记。			
		养成自己独立阅读课外书的习惯，每天阅读时间不少于30分钟。			
		打卡昆山各青少年学习基地，完成自有探究题。			

(三) 高年段(五、六年级)

1. 日记小达人评选活动

(1) 从9月1日开学始，能坚持每天写日记。

(2) 能坚持写读书笔记(读书笔记字数不限)。

(3) 坚持21天者当选“日记玉达人”；坚持90天者当选“日记峰达人”；坚持一个学期者为“玉峰超级日记达人”。

2. 玉峰最强大脑争霸赛

(1) 每周三早上由各年级数学老师公布3道数学趣味题目，全体同学自愿参与。

(2) 每周三放学前将答题结果上交给各班级数学老师，由数学老师记录统计。

(3) 3周累计下来班级前三名的同学进入年级决赛，决赛内容及形式由年级相关数学老师负责，产生“玉峰最强大脑”。

3. “诗词润童年”古诗词比赛

(1) 各年级在班级初选后，推荐3名同学，组成代表队。

(2) 每个代表队参加学校相应年级(五、六年级)古诗词比赛，比赛内容由五、六年级语文老师确定。形式内容可参照如下：

活动第一环节：诗词接龙。

要求各代表队伍派1名代表从多个题袋中抽取自己小组所要回答的题袋交给主持人，由主持人来说出诗词的上句或下句，选手立即回答下句或上句。如主持人说“海内存知己”的下句是什么，选手就得迅速接下去“天涯若比邻”。若该组在10秒内无法回答，该局可以求助于本组的亲友团成员，在该环节中每个小组有2次求助亲友团的机会。每个队伍回答10首诗，答对一题加10分，若某小组在该环节中没有使用亲友团求助机会，在谚语环节该小组加10分，若使用一次则加5分，全部机会都使用则不加分。

活动第二环节：狭路相逢。

随机抽取自己小组的对手，小组间分别为对手出5道与诗词相关的题，如诗人名字、朝代、诗句内容等问题，要求对方组员回答，每答对一道题加10分，答错或不回答扣5分。每小组比赛时由赛会分派一名干事对比赛进行监督，出现作弊行为该环节扣20分。

活动第三环节：诗词连连看。

决赛小组派出自己的代表到主持人处抽取自己组的题，主持人到赛会处提取对应的题目袋，袋内装有几首不同的诗词的题目：诗名、作者名字及每句诗句，但是只有一首诗词是完整的。每小组派2名队员进行比赛，在比赛开始的时候开始计时，找出完整的诗词并将其连接起来计时结束。用时最短为第一名100分，第二名80分，第三名60分，第四名50分，第五名40分，第六名30分。(最后得分将以累计积分的形式确定胜

负，若遇相同分数，不能决出名次时，即进行加时赛，加时赛即为抢答赛，回答正确，自己得分，反之，对方得分）

4. 探索与发现

（1）每个班级成立固定的学习小组，以团队合作的形式开展活动，内容形式不固定，可以是综合实践活动、科学小发现、对一本课外书的研究，也可以是社会小调查等等。

（2）调查时间为 3 个星期，第四周以展板配合现场解说的形式呈现，由科学组教师、家委会成员和学校领导组成评选小组，现场打分评选出相应奖项。

学校给每一位家长发一份活动倡议书，了解好习惯月活动情况；家长督促并检查孩子的完成情况，填写下表。

年段	项目	内　容	自评	家长评	教师评
高年段	趣	养成乐于参与讨论、有针对性说话、敢于发表不同意见的习惯。			
		遇到问题或根据学习要求，能自觉上网或到图书室查阅并筛选资料。			
		能制订学习计划，合理安排学习时间。			
	思	学会自己整理复习的方法，形成自我检测、自我评价的能力。			
		质疑问难，对错题能自觉分析原因及时订正。养成自己整理错题本的习惯。			
		课后复习知识，学会举一反三，愿意和同伴分享解题思路，能较流利地表达自己的思考过程。			
	做	坚持写日记，读书做笔记。			
		根据自己的爱好，寻找书目，坚持有选择地阅读文学作品、浏览当天报纸和近期书刊。善于探究书中的知识，每天阅读时间不少于 30 分钟。			
		形成相对固定的学习小组，会做小实验。能和小组成员进行简单、友好、有效的合作。小组中能聆听别人的意见、大方地发表自己的意见，顾全大局。			

五、活动延伸

（一）低年段

1. 积极向小敏校长投稿推荐班级里的特长学生的事迹，校长会在每周二“小敏校长讲习惯”中介绍体现。

2. 每周的升旗仪式上会对各类活动获奖同学进行表扬。

3. 积极寻求社会资源和窗口，进行公益性的演出，提升孩子的自信心和自我表现能力，为孩子的未来创造更多可能性。

(二) 中年段

1. 在学校好习惯月系列活动的基础上，各班以“好习惯成就好未来”为主题创办一份手抄报。

2. 表彰优秀个人，推动好习惯教育活动向纵深发展。由养成学习好习惯推向养成生活好习惯和社会好习惯，把学生的好习惯进一步推广到家庭、社会。

3. 学期末，每班级推荐1名同学在中年级学习好习惯分享会上进行分享。

(三) 高年段

1. 各班要在学校好习惯月系列活动的基础上，经常性地开展一些小型的班级活动，比如知识抢答、猜谜、诵读、创意读后感分享会活动等，进一步放大活动成效。

2. 各班利用晨会时间，对活动中的获奖学生再行表扬鼓励，激励其他学生学习。

3. 学期末，每班级推荐1名同学在高年级好习惯分享会上进行分享。

第三节　小敏校长讲习惯

一、养成学习好习惯：迎接期中阶段性练习

小敏校长：同学们好！充满活力的体育节随着10月的即将结束，落下了帷幕。但天天运动锻炼的好习惯相信每位同学仍会坚持。马上到来的11月，小敏校长要讲的习惯是什么呢？学期过半，学校要组织期中阶段性检测了，今天的讲习惯主题是“养成学习好习惯：迎接期中阶段性练习”。上上周，我们进行了四到六年级的语文调研抽测。以下班级取得了较好成绩，在此表扬：四(3)、四(1)、四(2)；五(6)、五(5)、五(1)；六(3)、六(5)、六(6)。有很多同学都取得了很棒的成绩，今天我请了3位五年级的语文学业成绩优秀的同学和我一起来讲学习好习惯。首先请五(3)班孙宇昂同学来讲讲他的学习好习惯。

孙宇昂：莎士比亚说过，“习惯若不是最好的仆人，它便是最坏的主人”。我们每个人取得优异成绩的背后，都与那看不见的好习惯密不可分。我的学习好习惯主要有5个：

1. 合理安排时间。

比如，前一天要对第二天的学习做个大致的安排。还有早晨起床后可以利用穿衣、洗漱和吃早饭的时间播放英语或者语文的课本音频，我叫它“磨耳朵”，重复很多遍不厌

其烦地听录音，这样能加深对课本的记忆。到校后早读的时间就开始大声朗读，很多课文就能够快速有效地背诵下来。

课堂作业不能拖拉，要在学校完成。课后作业到家后要在晚饭前完成。晚上的时间就可以安排复习、预习和读课外书了，并且一件一件地按时完成。这样就不会觉得时间不够用了，也不会顾了这门学科顾不了那门学科，恰当合理地安排时间对完成学习任务很重要。

2. 认真预习。

每天都要给自己留出预习的时间，提前查阅资料做好笔记，不明白的地方做好标记并提出问题。通过预习知道哪些是难点、重点，这样可以在课堂上更加集中精力去听自己不懂的地方，有针对性地进行听课，变被动的学习为主动的学习和思考。

3. 上课专心听讲。

课堂上要集中注意力，跟着老师讲课的内容走，不懂的地方要大胆地举手提问，积极举手发言说出自己的想法，也要注意倾听其他同学不同的见解，并且做好课堂笔记。不能开小差，不然思想就飞到窗外去了，没有把知识点听进脑袋里，课后得花好几倍的时间和精力去补习弄懂就不划算了。

4. 及时复习。

预习很重要，复习更重要。课后整理好笔记，归纳总结关键点和重点、难点，可以加深和巩固对学过内容的理解，防止遗忘。复习要趁热打铁，不能在学习之后很久才去复习。这样，所学知识也会忘记得差不多了，就等于重新学习了。

5. 独立完成作业。

做作业是为了检验学习的效果，所以作业一定要独立完成，哪怕错了，通过独立订正，得出题目的正解、思路与错误的原因，才是真学习。还有要适量地去刷题，这样可以接触到不同类型的题目，拓宽自己的视野和巩固知识点。

小敏校长：讲得真好，归纳得很是全面，孙宇昂同学的五大学习好习惯，对任何学科都有用。好的学习成绩离不开老师们辛勤的教导、父母严格的要求、同学们相互的帮助，更离不开自己的学习好习惯。那么语文学习中，养成多读课外书的习惯也是非常重要的。即将到来的高考改革，从江苏卷到全国卷，阅读量将大大增加，题目量也将增加，没有良好的阅读能力是不能取得好成绩的。五(2)班的欧阳靖娅同学在这方面很是突出，我们请她来讲讲她的阅读好习惯。

欧阳靖娅：同学们好！经常有人问我，欧阳，你的语文为什么那么好？当我思考这个问题时，我并不认为我语文很好。我是个从乡镇小学转来玉峰的插班生，在我的班级，比我好的同学还有很多。但我可以自信地说，我语文成绩好，并不是因为我做的练习比同学们多，而是我有一个长久的爱好，那就是阅读。

我喜欢读书，每天我都会抽空和我的大脑一起“吃”一顿丰盛的“大餐”。但我读的书绝不是由父母来规定的。我曾在一本书上看到这样的一句话：“孩子之所以不爱阅读，就是因为家长老是给他们看一些学校推荐的书，而那些书都平淡而又无趣，甚至连家长都没看过，要让孩子看些自己感兴趣的书，孩子自然会爱上读书。"我立刻把这句话读给爸爸妈妈听，爸爸妈妈都连声说对。所以我的妈妈从来不让我看我不喜欢的书，而是让我自己随意选书看。我的学习方法就是这么简单：因为阅读而爱上语文。接触的书多了，我也慢慢开始喜欢看《老人与海》《简·爱》等一些经典名著。渐渐地我的理解和表达能力都有了提高。

阅读的方法也很重要，可以用浏览式的阅读，也可以先看结尾，激发我们想知道经过的好奇心和兴趣。做好读书笔记，摘录优美的词句和段落，不明白的字词要及时借助工具书消化掉，不能放掉这些"拦路虎"，不然会日积月累读书囫囵吞枣，收获不大。最后读完一本书后，要写写自己的读书心得和收获，整理好摘录的字词句和写作方法，提高自己的写作水平。

小敏校长：向欧阳同学学习。书是人类的"营养品"，也是人类进步的阶梯。每学期我们每位同学都要制订一份课外读书的计划，在规定的时间内读完规定量的书，强迫自己做个"小书虫"。在期末，大家要记得跟读过的书拍照上传给语文老师，完成"读书等身"的评价作业。做计划不仅对阅读量的完成有用，对提高学习效率，也是最有用的方法。我们来听听五(6)班的陈俊霖同学介绍她语文学习成绩优秀的秘诀。

陈俊霖：大家好！我是五(6)班的陈俊霖。这次语文抽考，我得了98分，还算优秀吧。我的最主要的一条学习经验是学习有计划。如放学回家后，我第一件事就是在白板上写好每日计划，如语文作业5:00—5:50，数学作业5:00—5:30等，安排好每日计划，我就不会做事拖拉。

再比如我的做题也是有计划的，以语文为例：我每天坚持把课堂笔记复习一遍，接下来新课朗读5遍，这样上课听讲时，就可以带着问题去思考了。做练习题时，挑重点做，多做思维拓展与阅读理解。像那些一看就会的内容，如看拼音写词语等，我会留在复习时再做，检查自己的基础知识掌握得如何。做题总有错误的地方，所以我整理了一本错题集，上面记录了我所有的错题，有助于我复习时再翻阅提醒自己不犯相同的错误。

这样有计划地学习后，我的课余时间就比较多，如每周三放学后，平时的做题时间会换成休闲活动。那时候我会画画、运动、练字、看新闻……，做些我感兴趣的事情，放松一下大脑。所以觉得学习不累。

小敏校长：听了3位同学的介绍，我们发现，他们都有良好的学习习惯，所以学得轻松，成绩优异。希望今天3位同学的分享，能够给同学们启发，并且希望大家都有所行动。最后预祝大家期中阶段性检测取得好成绩。

二、养成学习好习惯：粗心大意要不得

小敏校长：同学们好！今天的"讲习惯"，继续是学习好习惯养成主题。今天的话题

是“养成学习好习惯：粗心大意要不得”。首先，我们一起来做一个测试——“你拥有良好的学习习惯吗？”请同学们拿出数学草稿本。

我们的题目共有30题，你不用把题目抄写下来，只要写序号1、2、3、4……一直到30。答案共有3个，数字1表示的答案是“是”，数字2表示的答案是“偶尔”，数字3表示的答案是“否”。答案只要写下数字1或者2或者3。大家准备好了吗？下面我开始报题目了：

内容	1(是)	2(偶尔)	3(否)
1. 学习老是需要家长督促。			
2. 不认真听讲。			
3. 老师讲课时做小动作。			
4. 不能按时完成老师布置的学习任务。			
5. 上课发言不踊跃。			
6. 回答问题时声音很小。			
7. 特别讨厌课表中的一门功课。			
8. 不能认真而充分地预习。			
9. 不能自己自主复习。			
10. 偏科严重。			
11. 遇上难题懒得思考。			
12. 书写潦草，文面脏乱。			
13. 写作业拖拖拉拉。			
14. 作业时间边写边玩。			
15. 注意力不集中，很容易跑神。			
16. 审题不认真。			
17. 写作业或考试中不检查。			
18. 做题马马虎虎，丢三落四。			
19. 写字龙飞凤舞，潦草难认。			
20. 贪玩而忽视学习和作业。			
21. 做错的题，会及时总结，争取不再犯错。			
22. 一时想不出答案的题目，会自己反复推敲。			
23. 解题时习惯用多种方法。			
24. 安排出合理的时间看电视。			

续表

内容	1(是)	2(偶尔)	3(否)
25. 学习很勤奋。			
26. 定时定量、科学合理地安排学习。			
27. 上课时认真记笔记。			
28. 有大胆质疑的习惯。			
29. 对于自己不懂的问题认真研究。			
30. 敢于积极地向老师提问。			

分数计算标准:1—20 题选 1(是)得 0 分,选 2(偶尔)得 1 分,选 3(否)得 2 分。21—30 题选 1(是)得 2 分,选 2(偶尔)得 1 分,选 3(否)得 0 分。

请同学们计算自己的得分。测试结果如下,请同学们自己对照。得分在 50—60 分:你有着非常好的学习习惯,可以看出你在学习能力和自我管理方面做了很多努力,而且你的方案是非常科学、合理的,是与成长相适应的。得分在 40—50 分:你具有很好的学习习惯,可其中的一些薄弱环节仍需加强。这样,就会取得更加理想的学习成绩。得分在 30—40 分:你已经养成了比较好的学习习惯,可是在执行时,还有很多不到位的地方有待完善。为了拥有更好的学习习惯和优秀的学习成绩,你还需继续努力!得分在 30 分以下:在学习习惯方面,你的表现还不尽如人意。你需要下大力气改掉不良的学习习惯,并坚决把好习惯坚持下去。快点行动吧!

我们全校老师在上周三 5 月 8 日召开了质量分析会,老师们普遍反映,部分同学的成绩不理想,主要原因不是智商问题,而是学习习惯问题,如上课不专心听讲、课上不积极动脑、作业不及时完成、写字不端正马马虎虎、考试时粗心大意等。下面小敏校长讲其中的一个专题:“粗心大意要不得”。

我们经常会说“粗心大意害死人”,这句话讲的是粗心的不良习惯。粗心是我们小学生最容易犯的错误,也是每一次考试,同学们有了错扣了分,找原因时最常用的一个理由。那么粗心大意,有没有原因呢?当然有:

1. 与知识掌握水平有关。小学生的视觉记忆和辨识能力较弱,要每一个学生都做到细致、认真是不太容易的。

2. 与生活习惯有关。有的同学从小就生活在一个无序的家庭中,做事没计划无条理,家里堆得乱七八糟,缺乏良好的生活习惯,学习上也就粗心成常事。

3. 与责任心有关。有的同学缺乏责任心,做什么事都心不在焉,有时功课太多或为了早些去玩,紧追慢赶,于是丢三落四,忙中出错。

4. 与性格有关。有的同学性格大大咧咧的,平时做任何事都不拘小节,做事粗心,容易出现失误。

5. 与不熟练有关。老师讲到的知识,课堂上好像是听懂了,理解了,但没有经过认真的、一定量的练习，遇到类似题目或变形就感觉模棱两可，做起题来就有这样那样的问题了。

总之，我们小学生的知识结构尚未形成，思维定式也不明显，作业出错的偶然性和随意性很大。遇到这种情况，我们不能简单地归结为粗心、不用功，而是要和父母、老师一起找原因，找出到底因为什么而粗心，这样才能避免以后再犯同类错误。下面小敏校长给大家支支招，5个方法帮助大家纠正粗心的毛病：

1. 改善家庭环境。这个方法要请同学们回家跟父母强调。当我们在家做作业时，父母一定要将电视机的声音调到最小，最好是不看，更不能有打麻将、打牌等干扰我们注意力的行为，因为这些干扰会使得我们分心，一分心就容易粗心犯错。

2. 避免疲劳。疲劳会导致学习能力减弱、效率降低、错误率增加。我们一定要做到今日事今日毕，这样才能每天都合理休息、劳逸结合。当我们精力充沛时，就会做事有效率而且不粗心。

3. 做做细活，细心是可以锻炼的。如果你的性格大大咧咧、风风火火，你不妨参加刺绣班、小木工班、毛笔字班等，多做一些细活，这些都能锻炼小学生的细心程度。

4. 提高注意力，自己检查作业。写作业时要全神贯注在作业或试卷上，这样就不容易因为粗心而犯错误，尤其是一门功课的作业，要一气呵成，有利于提高自己的注意力。完成作业后，一定要养成自己检查作业的习惯，这也是检验自己是否细心，是否已经全部掌握所学知识的一个最佳办法。通过自己复查发现的错误，我们会真正体验到出错的原因，从而加深记忆。

5. 纠正粗心要及时。粗心可不是个小问题，我们不能对自己的粗心病掉以轻心，甚至视而不见。如果不及时改掉粗心的习惯，那么拖久了，小毛病成自然，改起来就费劲了。

同学们，小敏校长读小学时也有点粗心，就是用这5个方法改掉了粗心的坏习惯，大家也来试一试，一起养成细心好习惯。

三、养成动脑筋做题的好习惯

小敏校长：同学们好！还有3天就是期末考试了，所以今天小敏校长要讲的是“养成动脑筋做题的好习惯”。我强调做题时要动脑筋，是因为我从小就听老师说，做题时不动脑筋，就是没有思考的学习。没有思考的学习，就是对知识的死记硬背，成不了大智慧。

我曾经做过一组实验，让同学们就同一道题目提出问题，结果发现，成绩非常优秀的学生都能提出许多问题，而成绩一般的同学往往提不出什么问题。由此说明，真正优秀的学生平时做题时能积极主动地思考，强调有意识地动脑筋，往往一道题目还能用多种方法解答。

做题时有意识地动脑筋，并不意味着做题可以天马行空，胡思乱想，而是需要针对解题的不同步骤，思考得法，如此才能提高做题的速度，保证解题的准确性。今天我给大家介绍 3 个小方法：

1. 一边读题一边思考。

读题目时，如果一边读题一边思考，不仅能够提高解题的速度，还能够加深对知识的理解与记忆，增强知识的运用能力。大多数情况下，我们都是读一遍题，甚至反复读几遍题之后，把题目的条件都记住了，然后再开始思考怎么做题。而会思考、学习效率高的同学读题时，不光记住了题干，更注重思考，思考这些题干背后的知识点，因此，通常在读完题目时，解题的思路也就形成了，解题速度更快。

我们一起来看一道五年级的数学题：一个数与自己相加、相减、相除，所得的和、差、商相加的结果是 18.8，这个数是几？如果不是一边读题一边思考，那么可能这道题得读 3 遍才能弄明白题目的意思。如果我们带着思考来读题，那么读这道题只要读一遍就能将式子列出，让我们一起来试一试：五年级已经学过字母表示数，那么这道题目中的“一个数”就可以用字母 a 表示，“与自己相加”就是 $a+a=2a$，“相减”就是 $a-a=0$，“相除”就是 $a\div a=1$，“所得的和、差、商相加结果是 18.8”即 $2a+0+1=18.8$。题目读完了，式子也就列出来了。很快就能算出这个 a 就等于 8.9，所以这个数就是 8.9。

其实校长讲的这个学习方法已经编入了我们的数学教材，就是四年级时同学们学过的数学内容：解决问题的策略，从条件想起。其他学科也是这样。读题目时的思考水平决定着你的做题速度，读题目时的学习能力关系到你做题目的对与错。如果读题目时没有把题目的意思弄明白，就很难把题目做出来；如果把题目的意思理解错了，那么做出来的答案肯定是错的。由此可见，读题对于做对题有着重要的作用。

2. 有选择性地做题才最有价值。

我们常常把期末阶段复习做题比喻为“题海战”。的确，做题目既能考查我们对知识点的掌握程度，提高灵活运用知识的能力，又能帮助我们激发学习的热情，开阔发散思维，积累解题经验。要想提高学习成绩，当然需要做题。可是我们似乎有做不完的题。桌子上堆得厚厚的是练习题，黑板上写得满满的也是练习题，书包里装得鼓鼓的还是练习题。但是我想问同学们，难道题目做得越多，我们的成绩就会越好吗？无论我们怎样努力和勤奋，也不可能做完所有的题目。但是只要掌握了诀窍，不需要做大量的题，也有可能获得最大的收益，这一个诀窍就是有选择性地做题。

我们不是买了很多本试卷集吗，还有老师印制的试卷？我建议大家一定要注意，做过的题目，而且是已经做对了的题目务必不再做，在题目旁边做个标记“此题已做”，就可以节省时间，做该做的题目，提高学习效率。

3. 热心给别人讲题。

有些同学总觉得在学习上帮助别人就一定会让自己受到损失，其实很多时候帮助别人并不意味着自己吃亏，任何人都离不开别人的帮助。帮助别人，就是帮助自己。就“热心给别人讲题”这件事来说，在给别人讲题目时我们的大脑处于极度活跃的状态，如常言所说的，要给人一杯水，自己先要有一桶水，我们会像老师那样，为了把这道题讲清楚，对自己提出更高的要求，这样一努力，我们就很容易提高自我水平，跟老师水平一样高。

给别人讲题目还会让我们获得更多的自信。给别人讲题时，我们会全身心投入，内心积极、自豪。因为我们的学习价值在帮助别人的过程中得到了完美的体现，而这种自信、自豪也会促使我们在以后的学习中充满热情和活力。给别人讲题还能帮助我们更好地理解竞争与合作，加强和同学之间的交流。

有人认为给别人讲题特别傻，不仅耽误时间，还可能让对方在考试的时候超过自己。其实完全不是这样。班级内部排名只是暂时的，排名的主要目的是促进学习，如果同班同学都把内部排名看淡一点，相互协作，共同把学习搞好，就可以让大家在学校排名中脱颖而出，这不是更好吗?!

同学们，因为时间有限，今天就“动脑筋做题”这一习惯我向大家只介绍了 3 种方法，希望给大家启发。预祝全体同学在本周五 18 号的期末考试中取得理想的成绩。

1. 制定好各科复习计划，按计划复习，掌握好进度。如果有来不及完成的学习任务，及时与老师商量，还有家长一起，确定对策。

2. 不浪费时间，提高学习效率。如早晨进教室后仔细核对应该上交的家庭作业，不少交，不漏交。再如早读、午读、自习课，老师在与不在一个样。必须要非常明确，学习是自己的事，不是为了老师而学习，也不是为了学校而学习。

3. 上课专心听讲，争取能够超越自我。近阶段上的都是复习课，内容可能比较枯燥，知识好像都是学过的，已经懂得了。但很多时候，我们小学生的年龄特点是，懂了的知识变成题目后不一定会做，所以要做题练习，甚至做 2 遍、3 遍才能不忘。学习基础好的同学，应该继续多读课外书，做一些难题，使自己有更大的信心去迎接期末大考。

4. 合理作息，健康生活，使学习有持续发展的动力。期末阶段，我也不主张做大量的题，睡得很晚，要继续保持合理作息。可以尝试一下养成这两个习惯：每天睡觉前整理好第二天需要的学习、活动用品；每天睡觉前想一想，今天有哪些收获？今天有哪些失误？不留遗憾地过好每一天。

最后预祝同学们在期末考试中取得优良成绩，以回报父母、老师的养育、培养之恩，关键是给自己阶段性学习生涯画一个圆满的句号。

第四节 年级实践课程

杰出的思想家培根说：“习惯是一种顽强而巨大的力量，它可以主宰人的一生。”当积极的学习态度、科学的学习方法形成习惯后，不仅能提高学习的质量，而且能为终身学习打下良好的基础，使人受益终身。著名教育家叶圣陶先生说：“什么是教育？往简单方面说，只需一句话，就是养成良好的习惯。”小学阶段是学生养成良好学习态度、学习习惯的重要时期。“少成若天性，习惯如自然。”可见培养学生良好的学习习惯，的确是基础教育的一项重要任务。

一、活动主题

爱学习，爱生活。

二、活动目标

1. 培养爱学习、会学习的优秀品质，树立正确的学习观。

2. 学会课前、课上、课后按照要求高质量地完成学习任务，能够完成小组合作学习活动，有自己的看法，敢于质疑权威。

3. 掌握学习技巧，讲究学习效率，学会学习中的自我保护。

三、活动适用年级

二年级。

四、活动内容

(一) 学习行动之好习惯养成

1. 课前做好准备工作的习惯。下课后先做好下堂课的准备工作，规范摆放书本文具，小组同学互相督促，铃声响保持安静，静等老师上课，做到抬头挺胸脚放平。

2. 上课倾听的习惯。做到虚心倾听，倾听要求做到“三到”：眼到、耳到、心到。

3. 积极举手，大胆自信，回答问题声音响亮的习惯。上课注意力集中，思维活跃，积极举手，敢于发表自己的观点，敢于提出不同的看法。讲话口齿清楚，声音响亮，充满自信。

4. 认真、及时、快速、准确地完成作业的习惯。坐姿正确，书写端正规范。写作业时仔细审题，独立认真，快速高质，不懂就虚心请教。

5. 自觉认真主动预习、复习的习惯。养成课前自觉预习，课后主动复习的习惯。学会搜集信息，查找资料，为课堂学习补充更新更广的学习素材。

6. 勤于朗读背诵，乐于课外阅读的习惯。早上书声朗朗，课堂上重视朗读指导，课后加强好词好句好段美文的朗读与背诵积累，做到一月读好书一本，讲故事一个，记笔记数篇。

7. 小组愉快合作的习惯。课堂上乐于小组合作，合作前先有个体思考，再经过小组交流补充，最后达成集体共识。做到人人参与，形成互相学习、互相帮助、多向互动的学习氛围。

8. 质疑问难的习惯。不迷信教师，不盲目相信他人，敢于提出不懂的问题，善于发表自己的观点。

(二) 学习技能之好习惯养成

1. 由教师、家长、做得好的同学示范、讲解各项学习任务所需的学习技巧，学生通过练习，掌握技能。

2. 学会在学习前明确学习任务，预估大致时间，有质量、有效率地完成学习任务。

3. 学会在学习的过程中提高安全意识，采取恰当行动，保护学习中的个人安全。

五、活动方法

二年级的学生已经具有了一定的学习技能，但是很少有主动要去养成学习好习惯的意识。这就需要学校、家庭、孩子共同协作，参与培养活动。

1. 激发兴趣

在学习习惯养成的过程中，教师和家长要根据二年级学生好说好动，随意性大，注意力持续时间短等年龄和学习特征，采用讲、演、看、练、说、做等多种方法加以引导。让学生在浓厚兴趣下树立牢固的学习意识，让学习意识与学习行动相结合，从而逐渐形成学习好习惯。

2. 示范引领

教师和家长的身教往往比言传更有影响力。在学习技能的传授中，教师可以反复讲解，同时配以示范动作。如教授“三到”时，教师可以边讲解边做示范动作。通过讲解与示范，逐渐加深学生对学习的认识，使学习的行为不再仅仅是停留在大脑中表象的认识，而是转化为具体的行动操作，逐渐养成学习好习惯。

3. 日积月累

习惯可以通过有意识的练习或无意识的多次重复来形成。习惯一经养成就很难改变。小学生的学习习惯不是一蹴而就的，必须耐心培养，从点点滴滴做起。

(1) 星星点灯。

制定属于自己的学习习惯养成表格，每月练习培养一个学习小习惯，每日完成后自己画上星星，月底和同学们比一比，看谁的“星空”星星最多、最亮。

月份：________　我要养成的学习习惯是：________

周次	星期一	星期二	星期三	星期四	星期五	星期六	星期日
第 1 周							
第 2 周							
第 3 周							
第 4 周							

(2) 月光小精灵。

在完成简单的学习习惯积累时，学生也需要一点具有挑战性的任务。每一位学生可以根据自身的情况，由易至难地完成挑战任务，并根据完成的任务获得相应的“月光值”。

月份：________

我挑战完成了这些学习任务：

____

____

____

例如：某日预习时提出了问题，并通过自己的努力解决；某日经过检查，作业全部正确等。

六、活动评价与总结

1. 收齐学生每月完成的表格、记录，了解学生学习好习惯养成的情况。
2. 评选出班级的“学习小太阳”，鼓励其他同学像优秀的同学学习。
3. 鼓励学生持之以恒、坚持学习好习惯。

第五节　班级活动课程

良好的学习习惯使人受益终身。发展型社会要求我们具备良好的学习能力，首先要充分意识到好习惯对成长的重要作用，提高自觉性，才能进一步养成良好的学习习惯。其次学生只有能辨识学习习惯的好坏，才能发现并改正不良的学习习惯，从而提高自我控制的能力。

一、活动主题

播种良好习惯，收获精彩人生。

二、活动目标

1. 通过学习，帮助学生充分意识到好习惯在成长中的重要作用，进一步养成良好的学习习惯。

2. 让学生能辨识好的学习习惯和不良的学习习惯，发现并改正自身的不良学习习惯，提高自我控制能力。

三、活动适用年级

四年级。

四、活动内容

1. 播种习惯的种子

通过两个故事，让学生感受到习惯的力量之大，从而意识到习惯的重要性，提高自觉性。

2. 等待好习惯的萌芽

细节决定成败。引导孩子从课前、课上、课后以及测试中明确自己应该怎么做，从而不断提高自己。给学生自我反省的时间，发现自己身上存在哪些坏习惯，说说如何改正。

3. 催开习惯的花朵

榜样的力量是无穷的，引导学生从名人事例及身边榜样中学习好习惯。“纸上得来终觉浅，绝知此事要躬行。”制定挑战计划书，将好习惯的养成落到实处。

五、活动过程

第一部分：激发兴趣，故事引入

1. 故事一

一根小小的柱子，一截细细的链子，能拴住一头千斤重的大象。你相信吗？

在印度和泰国，驯象人在大象还是小象的时候，就用一条铁链将它拴在水泥柱或钢柱上，无论小象怎么挣扎都无法挣脱。小象渐渐地习惯了，不再挣扎，直到长成了大象，可以轻而易举地挣脱链子时，也不挣扎。

这件事是真实的，大家不妨思考一下，小象是被链子绑住，而大象则是被什么绑住的呢？习惯。

2. 故事二

一位没有继承人的富豪死后将自己的一大笔遗产赠送给远房的一位亲戚，这位亲戚是一个长年靠乞讨为生的乞丐。这名接受遗产的乞丐立即身价一变，成了百万富翁。新闻记者便来采访这名幸运的乞丐：“继承了遗产之后，你想做的第一件事是什么？”

大家猜一猜乞丐会怎么回答？乞丐的答案是“我要买一只好一点的碗和一根结实的木棍，这样我以后出去讨饭时方便一些”。答案很是出人意料，但想想却又在情理之中。听了他的答案，你有什么感受？

这两则故事让我们震撼，习惯的力量原来如此巨大，在不知不觉当中，我们的命运就被掌握其中了，所以人们说性格决定命运，而习惯塑造性格。对于我们学生来说，养成良好的学习习惯就是一笔终身的财富，今天我们班会的主题就是“播种良好习惯，收获精彩人生”。

第二部分：观察讨论，反思明理

1. 观察

抓住3个时间点：课前、课上、课后，观察班级里的同学有哪些不良的学习习惯。

师：以上同学的表现，你有没有？说一说这些习惯会给我们带来哪些危害。

2. 讨论

(1) 课前，我们应该怎样做？

(2) 课上，我们应该怎样做？

师：下面我们再看看这些同学做得好不好：

① 课堂上，老师在讲课，下面的同学有的小声说话，有的在做小动作，有的在东张西望，有的在偷偷吃东西，还有的趴在桌子上睡大觉。

② 课堂上，老师在提问问题，A同学积极举手，回答问题声音响亮；B同学低下头，老师叫到时，慢腾腾地站起来，回答问题声音特别小。

③ 课堂上，A同学认真写字，纸面整洁；B同学边写边玩，用脏乎乎的橡皮擦字，纸面像个大花猫。

师：同学们想一想，以上同学的表现，你们有没有？你认为自己在课堂上做得怎么样？还有哪些方面需要改进？

(3) 课后，我们又该怎样做？让学生讨论、发言。

① 先复习课堂上所学的知识，然后再做作业。

② 按时、独立、认真地完成作业。

师：习惯是一个人的资本，你有了好习惯，一辈子都有用不完的利息，你有了不良习惯，一辈子就有偿还不了的债务。不信我们可以看看这个例子：

2003年1月18日下午1时46分，在武汉某高校研究生考点外，一考生被几个保安人员拦下，被告知超过了规定入场时间(1时45分)，眼睁睁地失去了考试资格。该考生说，为了专心备考，他辞掉了网络公司的工作，牺牲了很多东西，到头来却因为这个缘故被拒之门外。在上海，也有考研生因为进不了考场而痛哭流涕，其中一位不断向老师苦苦哀求：“我为今年考研已经准备了3年，我很有信心考上，老师给我一次机会吧。”

生：就因为迟到毁了一生啊，真是可怕。

师：是啊，迟到看起来是小事，但这是个坏习惯。泪水，值得同情；规则，应该遵守。如果那些习惯踩着铃声进教室的同学还不改掉这个坏习惯，我不敢保证，下个流泪求情的人不是你。

3. 反思

师：既然是不良习惯使得我们浪费了时间，那就让我们把这些不良习惯揪出来，将它们写在纸上，自告奋勇说说自己的不良习惯。

师：大家请看屏幕，这些细节，你都做到了吗？

① 你学过的功课，是不是加以复习了？

② 你是不是会预习要学的功课？

③ 你上课的时候，注意力是否集中？

④ 你是否喜欢回答老师的问题？课后是否主动问过老师问题？

⑤ 你上自习课的时候是否自觉？

⑥ 你不懂的功课，是否会向别人请教？

⑦ 你是不是按时完成作业？每次作业是否都会认真思考？

⑧ 你是否主动参加过讨论？

以上哪些细节是你可以努力做到的？（写在纸上）

第三部分：学习榜样，实践行动

1. 学习榜样

(1) 以名人为榜样。

师：究竟好的学习习惯应该包括哪些方面？哪些微小的细节奠定了我们成功的基石？什么样的好习惯能引领我们走向成功的彼岸？且看名人为我们做的榜样。

案例一：苏联教育家苏霍姆林斯基有一个习惯，那就是在清晨尽早开始一天的工作。他每天 5 点半起床，做早操，喝杯牛奶吃块面包，然后就开始工作，当他习惯了 6 点钟开始工作以后，又努力再提早 15 到 20 分钟，几十年如一日，从不间断。他三十几本教育方面的书和三百多篇学术论文都是在早上 5 点到 8 点写成的。好习惯成就了一位举世闻名的心理学家和教育学家。

案例二：马克·吐温坚持每天清晨默读墙上的好词、佳句，为他能写出脍炙人口的作品打下了坚实的基础。

案例三：马克思在撰写《资本论》时仍坚持每天演算数学题，以培养其逻辑思维能力。

案例四：达尔文从不放过任何一个观察大自然的机会，为他的科研工作积累了大量的第一手资料。

师：你从中得到了什么体会？

师：名人之所以成为名人，是因为他们养成了很多好的学习习惯，正是这些好习惯，使得他们取得了伟大的成就。也正因为如此，我们才说好习惯会是终身的财富。

(2) 以同学为榜样。

师：其实，同学们当中，也有很多好的学习习惯，你发现没有？现在我们不妨向身边的同学们学习——说说你发现了同学身上有哪些好的学习习惯。

我们把这些学习习惯归纳出来，就是：

① 自学预习；
② 专心上课；
③ 认真观察，积极思考；
④ 善于提问；
⑤ 独立作业；
⑥ 仔细审题；
⑦ 练后反思；
⑧ 复习归纳。

2. 完善自我

(1) 发“告别陋习，挑战自我”挑战计划书(8周)，计划书分为两部分：调整(4周)＋保持(4周)。学生根据自己的实际情况纠正最需要改的不良学习习惯，制定挑战计划书。

(2) 在班级宣传栏制作家庭树，粘贴挑战计划书。以小组为单位，进行每周一次的测评。按计划调整并保持习惯的可得一颗星，8周后进行汇总评比。获胜的小组可获得“学习好习惯标兵”的称号。

六、活动评价与总结

爱比克泰德有一句名言，“是否真有幸福并非取决于天性，而是取决于人的习惯”。为了幸福，我们必须改掉身上的坏习惯。管得住自己，你就是习惯的主人，管不住自己，你就是习惯的奴隶。计划的制定需要落到实处，凭着坚定的意志去执行。在本次活动中，相信同学们能够体会到学习好习惯的重要性，并感受到这些好习惯所带来的力量。

第四章　健康好习惯

第一节　各年段目标内容

现代人越来越意识到，身心健康是育儿的基本目标。身体健康有助于孩子保持旺盛的精力生活和学习；心理健康可使孩子情绪稳定、活泼乐观、积极上进，有充足的心理安全感，逐渐形成完整的人格和良好的自我感觉。

我们的健康好习惯养成的核心关键词是“锻炼、卫生、乐观”，具体目标如下。

一年级

1. 每天能在老师与家长的指导下运动30分钟及以上。

2. 会用正确的动作跑直线；学会双脚、单脚的连续跳；能连续跳绳一分钟，并达到100个以上；会熟练地用手原地运篮球，会一种足球熟悉球性的方法；能连续地爬行及滚动。

3. 能积极地参与体育课及大课间活动，在指导下安全地做运动。

4. 运动时懂得及时增减衣服，有良好的健康意识，身体不舒服时能主动告知老师与家长。

5. 运动结束后使用的器材能收回原位，并在班级活动时懂得爱护器材。

6. 少吃零食和少喝饮料，多吃蔬菜水果，养成多喝白开水的习惯。

7. 记得饭前便后洗手，早晚刷牙洗脸，不吃不干净不卫生的零食，注意个人卫生，勤洗澡勤换衣裤。

8. 认真学做课间操和眼保健操，能参与同学之间的游戏。

二年级

1. 每天能在老师与家长的指导下运动40分钟及以上，并能把跳绳等技能展示给家长及同伴看。

2. 会用正确的动作进行折返跑、绕物跑等；能连续双脚或单脚跳跃10米以上；能连续跳绳1分钟，并达到110个以上；会进行篮球的行进间运球、足球的运球；能做出单个滚翻，会做仰卧起坐、斜身引体等身体素质小练习。

3. 能动作正确地进行大课间活动，体育课表现积极，对运动充满兴趣。

4. 认真做好课间操和眼保健操。

5. 读、写、坐、立、行姿势正确。

6. 培养一两个自己感兴趣的体育项目，学会踢毽子等运动技能。

7. 做好值日生卫生工作，保持校园环境卫生、整洁。

8. 作息规律，早睡早起，按时梳理，早晚刷牙洗脸，勤洗头洗澡，勤换衣裤，继续保持个人卫生好习惯。

三年级

1. 每天能在老师与家长的指导下运动50分钟及以上。

2. 做好班级值日生工作，清楚自己的职责所在，能互帮互助。

3. 积极主动参加学校、班级的集体活动，遵守规则。

4. 科学合理地用餐，不挑食不浪费，吃饭时不吵闹。

5. 注意个人卫生，不留长指甲，衣着整洁干净，初步了解一点卫生常识和自救方法。

6. 不随便乱扔纸屑、不乱吐痰等。

7. 遵守课间秩序，做正当的游戏娱乐活动。具有初步的安全自护能力，懂得生命宝贵。

8. 同学间友好相处，有矛盾要主动沟通，学会调节情绪，能自我排解负面情绪。

四年级

1. 每天能在老师与家长的指导下运动60分钟及以上。

2. 能在跑动中完成多种运动；能做出单双脚有变化的跳；能连续跳绳1分钟，并达到140个以上；能运用篮球和足球进行球类游戏；能做出连续的前滚翻或后滚翻；仰卧起坐1分钟能达到30个以上。

3. 对于体育课上学习的内容回家后能主动复习，并乐于把学校学习的体育运动向父母、同伴分享。

4. 游戏时能听从指导、遵守规则，安全地运动。

5. 遇事不如意时，能在别人的劝解下解开心结，不固执，能够调节情绪，自我排解负面情绪。

6. 能与班级同学配合完成卫生任务，清楚自己的职责所在，互帮互助。

7. 了解一点健康小常识，早晚刷牙洗脸，饭前便后洗手，早睡早起生活有规律。衣着整洁干净，注意个人卫生。

8. 注意用眼卫生，注意写字姿势，劳逸结合。多到大自然中走走、看看、听听。

五年级

1. 有明确喜欢的运动项目，并能对自己喜欢的项目每周坚持3次以上连续30分钟的运动。

2. 能坚持10分钟以上的匀速跑，对跑、跳、投的动作都能较熟练地掌握，并且有一个项目能表现出色；能熟练使用绳子、毽子进行多种运动；能用已掌握的篮球、足球等技术进行球类的小比赛。

3. 对于自己感兴趣的运动会通过电视、电脑等了解该运动的相关知识。

4. 与同伴或家人一起运动时表现得自信、阳光，会交流运动的感受与运动的经验。

5. 对新学的运动不畏惧，并表现出良好的挑战精神。

6. 懂得运动前做准备活动，运动后进行拉伸。

7. 喜欢与同伴一起做游戏，并能友好地轮流使用活动场地或器材。

8. 有良好的作息习惯，注意用眼卫生。

六年级

1. 除体育课与大课间外，自己每天能主动地运动30分钟以上，课间能做已掌握的跳绳等运动。

2. 对跑的运动充满兴趣，乐于接受较长距离的跑；能进行急行跳远与跨越式跳高动作；主动学习跳绳的双飞动作，能1分钟不间断地跳短绳，会跳8字长绳；能熟练进行篮球与足球的运球；能做出简单的垫上组合动作，仰卧起坐1分钟能达到35个以上。

3. 能主动与父母一起进行较长时间的体育运动，如晨跑、打球、骑车、爬山等。

4. 知道饮食与健康的关系，不挑食。知道体形与饮食的关系，明确自己的体质水平。

5. 会运动前的准备活动，会在运动后做拉伸。乐于去尝试有一定难度的运动。

6. 与同伴一起游戏或运动时能制定简单的规则，并遵守规则。

7. 敢于到公共场所参与运动，并能遵守公共运动区域的规则要求。

8. 和同伴一起完成练习任务，体验体育锻炼的快乐，不沉迷于网络游戏和电子产品。

第二节　课程方案

一、课程目的

健康的体魄和良好的卫生习惯是中小学生必备的素养，培养体质强健、热爱生活、自强不息、积极进取的学生，使其具有朝气蓬勃的“精气神”，是教育的一项基础任务和根本任务。我们通过各年级段的课程方案，让学生在小学阶段逐步养成锻炼、卫生、乐观的好习惯。

二、实施时间

1. 每年一次的主题月活动。

2. 体育课及“阳光体育活动”。
3. 每年“心理周”主题活动。
4. 晨会课专题活动等。

三、课程主题

锻炼、卫生、乐观，养成健康好习惯。

四、课程内容

健康好习惯月系列课程安排

年级	课程内容	项目要求	动态展示	表彰	家校合作
一年级	我是跳绳之星	每天跳绳 5 分钟，家庭打卡。 完成本学年体质达标任务。 亲子共读一本关于运动与健康的绘本。	一年级趣味跳绳亲子会活动。	每班评选 10 名跳绳之星。	亲子共读一本关于运动与健康的绘本。趣味跳绳亲子会活动。
二年级	我爱手指操	每天手指操视频 5 分钟，家庭打卡。 熟练掌握手指操(初级版)。 亲子共读心理绘本《小树》。	二年级手指操视频大赛。	每班评选 10 名手指操之星。	亲子共读心理绘本《小树》。手指操视频大赛。
三年级	护眼小达人	每天做好眼保健操。 校医室开展“爱眼、护眼”专题讲座。		每班评选 10 名爱眼之星。	亲子共读《“爱眼”手册》。“爱眼、护眼”亲子知识竞赛。
四、五年级	活力操	每天做好广播体操。 每班设计一套“活力操”。 鼓励家庭编制“亲子操”。	四、五年级班级活力操展示及评比。	每班评选 10 名活力操之星。	家庭编制“亲子操”。家庭亲子操展示。
六年级	体育达人秀	发掘体育运动爱好项目。 家庭运动项目秀。	1. “我的体育爱好”征文活动。 2. 体育运动达人秀展示活动。	每班评选 10 名运动小达人。	家庭运动达人秀活动。

五、活动延伸

通过微信推送、昆山电视台“七彩阳光”节目组，对我校的主题月活动进行展示与报道，进一步扩大影响力，以提升关注度，增进家校沟通，进一步推进“锻炼、卫生、乐观，养成健康好习惯”方案的实施。

六、氛围营造

通过国旗下讲话、集体晨会、主题班队会、家长会等手段开展主题月启动仪式、竞赛评比、展示汇报等活动，营造“活力校园动起来”的氛围，全面推进健康运动习惯培养工作。

第三节　小敏校长讲习惯

一、养成锻炼好习惯：欢度第八届体育节

小敏校长：同学们好，一年一度的体育节即将来临，各班级都在热火朝天地练习搏击操、啦啦操、跳绳等项目，班主任们在精心挑选运动员。因为离我们的第八届体育节只有 8 天了，也就是在 10 月 24 日，我们将隆重举行玉峰实验学校第八届体育节的开幕式暨第十七届校运会。近阶段我们将进行的是二至六年级搏击操、一年级花球啦啦操比赛以及全校学生人人参与的 1 分钟跳短绳、1 分钟仰卧起坐比赛。运动会的两天，我们将进行跑步、跳远、跳高、投垒球、投实心球等田径类项目比赛。还有我们很期待的家长一起参加的羊角球跳跃接力、两人一绳跳绳跑接力、两人三足接力跑等亲子类比赛。

我们可以想象，比赛一定很是激烈，也一定精彩纷呈。所以，今天小敏校长讲习惯的主题是“养成锻炼好习惯：欢度第八届体育节”。

在我们玉峰啊，培养德智体美劳全面发展的活力学生可不是一句空话。就拿体育来说，在游泳、绳毽、啦啦操、田径等运动项目上就涌现了好多运动达人。今天我邀请了 3 位运动员来讲讲他们的故事，一定会给同学们一些启发。首先请出的是一位游泳运动员，他是谁呢？

林予晗：大家好，我是二(6)班的林予晗。今天我想跟大家分享一下我参加游泳训练的经历。

6 岁的时候，妈妈帮我报名参加了游泳培训班，第一堂课我就爱上了游泳。泳池的水冰冰凉凉、温温柔柔地包裹着我的全身，在水里就好像回到了妈妈的怀抱一样。

一开始学游泳的时候，真快乐呀！每堂课教练变着花样引导我边玩边学，我很期待每一次的游泳课。后来教练把我选入了竞赛班，一周 6 次每次 2 小时的训练对我的体

力和耐力都是极大的考验,而且教练的训练变得更严格了。加入竞赛班一个月后的某次训练,我怎么都不肯去,原来觉得快乐的游泳变得枯燥又辛苦,我哭着和爸爸说我不喜欢游泳了,我不要训练了。爸爸很严肃地对我说:"不可以半途而废,运动员要的就是坚持到底的毅力!如果觉得累了就在旁边歇会儿再游!"那一天我是哭着去参加训练的。

训练了大半年后,教练带我们参加了苏州市级的联赛,我取得了50米蛙泳小组第三的好成绩。那一刻我庆幸自己没有放弃,我有一种爬上高高的山坡的喜悦感,从那以后我参加训练就比以前积极多了,但偶尔也还是会抱怨游泳太累了。

真正让我愈发有动力去参加训练是在我参加了在郑州举办的全国青少年U系列比赛后,这次比赛我的综合得分排名年龄组第九,差一名我就可以去北京参加总决赛了,回来后我更明白了什么叫"人外有人山外有山",只有更加努力地训练,才能有更大的进步。我相信总有一天我也能去北京参加总决赛的。今年8月,我被选为校游泳队的一员参加全市中小学生游泳比赛,取得了小组第二的好成绩,我很高兴为学校争得了荣誉!

小敏校长:谢谢林予晗同学的分享,两年半的游泳训练,使你拥有了面对困难和辛苦不轻言放弃的精神,身体也越来越强健,并且还结识了许多的新朋友。相信你会一直坚持下去,实现更高远的目标!下面请出的是啦啦操队的陈芷妍同学。

陈芷妍同学好,我从你的材料中发现,你在幼儿时期,因体质特别弱,抵抗力差,是医院的"常客"。因为去医院的次数多了,医生、护士都跟你成了老朋友。但现在的你,不仅很健康,还能完成啦啦操的很多高难度动作。跟同学们讲讲你的锻炼身体之路吧!

陈芷妍:好的。我的锻炼之路一开始很简单,用我妈妈的话说,就是"加强锻炼,增强抵抗力,把病菌通通赶走!"一开始我就练习跑步,结果参加学校的田径运动会还得了名次,身体也渐渐强壮起来。

很幸运的是,2016年升入二年级的我,被选入了学校啦啦操队。刚开始训练时,每一次的劈叉、压腿等训练,很累很痛,但觉得自己的技能水平天天在进步,我还是很兴奋的,所以咬牙坚持着参加每一次训练。每一个新学的啦啦操动作,我都会对着镜子反复练习,所以啦啦操里面的高难度动作如旋转、跳跃、柔韧与平衡等,我都能做得标准又利落。在一个个漂亮的动作背后,是每次训练结束,我的满身汗水!

记得有一次,我的腿受伤无法训练了,我就坐在训练场边,认真地听啦啦操队杨老师讲每一个动作要领,这时的我腿不能动,就比画手的动作,此刻的我只有一个心愿,就是腿伤快点好起来,赶紧回到训练场上去。

2017年,作为新队员的我与老队员们一起参加了昆山市第四届啦啦操比赛,获得第一名的好成绩;2018年,全体老队员退役,我们这批新队员陆续参加了多场比赛,收获很多。

小敏校长:正如陈芷妍同学所说,在这么多荣誉的背后,是老师的辛苦付出和啦啦操全体队员挥汗如雨的刻苦训练。来吧，同学们，一起来锻炼！好的锻炼习惯不仅能赶走你的疾病，还能收获美丽和荣誉！

今天讲习惯的最后一位嘉宾同学是六(1)班的朱志远。朱志远同学好，你从二年级开始被选入绳毽队，每天坚持训练，一直到现在，已经有 4 年了，这期间肯定有过成功，也有过失败，你印象最深的是哪件事？给我们全校同学来讲讲。

朱志远：记得四年级时参加的省比赛是在太仓举行，我因为太紧张，所以没有拿到名次。回来以后，我虽然很伤心，但并没有气馁。我按照张老师教给我的诀窍，每天坚持练习踢五千个盘踢。体育课、大课间从不停歇；一吃完午饭，我放弃休息时间，争分夺秒到体育馆训练；同学们都放学回家了，我依然坚持认真练习，豆大的汗珠经常打湿我的衣服，训练时常常连口水都顾不上喝，腿疼也是家常便饭，为的就是抓紧时间把这个姿势练熟，让我的毽子能更加稳，踢得更快。

经过一年的不懈努力，我再次来到太仓比赛，以 3 分钟单踢 335 个，1 分钟盘踢 68 个，取得了好名次。当时我高兴极了！我战胜了自己，我成功了！

4 年的不懈训练，很是辛苦，特别是当同学们都在放假休息的时候，我们的绳毽队还经常在体育馆里训练，所以近年来我们每年都获江苏省绳毽比赛团体总分一等奖的优异成绩。

小敏校长：同学们，听了以上 3 位同学的锻炼故事，大家肯定很是感慨：他们都有目标专一，坚持锻炼的好习惯；他们都有不怕吃苦，为校争光的荣誉感。希望每位同学都积极锻炼，行动起来，养成锻炼好习惯，在即将到来的运动会暨体育节活动中取得好名次，为班级争光。

二、养成锻炼好习惯：体育锻炼乐趣无穷

小敏校长：同学们好，今天的“讲习惯”，我们又有所创新，小敏校长邀请了体育组杨薇薇老师和六(4)班杨沈豪同学一起来讲。今天的话题是“养成锻炼好习惯：体育锻炼乐趣无穷”。

我最喜欢 10 月的玉峰校园。因为秋高气爽，金桂飘香；因为 10 月，有玉峰体育节，每天都能感受热火朝天的运动和游戏氛围，使我们每个师生时刻都充满活力。

上周大课间时间，我们完成了一年级花球啦啦操、二到六年级搏击操比赛，各年级第一名的班级将在校运动会开幕式上表演。祝贺大家！体育课时间，我们完成了人人参加的一分钟跳绳、仰卧起坐等比赛。今天下午第二节课我们将进行玉峰实验学校第八届体育节暨第十八届校运会开幕式的彩排。

虽然校运会还没正式来临，好像竞争已经很是白热化了。校园里，随处可见各班级积极训练的场景，操场上、草地上、七彩园、广场、走廊里，同学们兴致盎然地练习接力跑、两人三足跑等游戏类竞赛项目。老师们也仿佛都回到了儿童时代，指挥的指挥，示范的示范。看来，这些游戏类项目深受同学们喜欢。这让我想起孔子说的一句话：“知

之者不如好之者,好之者不如乐之者。”这句话是说,学习有三重境界:知道—喜欢—乐在其中。

体育锻炼同样如此。乐在其中是最高境界,我看到的每个同学都非常投入,几乎是陶醉,这样的锻炼不会觉得累。所以小敏校长觉得设计出这些游戏类竞赛的玉峰体育组老师们真了不起!还有体育课同样如此,为了让同学们感受其乐无穷的运动,老师们会想出很多办法。下面请杨薇薇老师来讲讲她的课例。

杨薇薇老师:的确如小敏校长说的那样,我们体育组老师们,认真备好每一节体育常态课,力求课上得生动,同学们练得快乐。如二年级的学习内容之一是立定跳远,这是比较枯燥的运动项目,备课时,我就要想如何去激发同学们练习的积极性,让同学们自己想多跳几次。

我创设了“发射火箭”情境,引导同学们能跳得高;然后一个小朋友做火箭靶子,一个小朋友“发射”火箭,练习跳得远。在同学们都掌握立定跳远动作后,我又设计了在规定的时间内去挑战不同对手的活动,从3个到5个再到8个,挑战过的对手,赢了他的,要记住他的名字;输了的,要“大力士”一个。同学们在这个过程中不仅会积极努力地超越同伴,而且在比赛过程中也会认识不同的小伙伴。(播放视频)

小敏校长:谢谢杨老师的介绍。体育课要让学生在运动中获得乐趣,在乐趣中得到锻炼和教育。做到这一点,看似不难,其实不容易。杨老师采用合适的教学内容、合理的教学方法,帮助同学们体会到立定跳远的快乐,进而培养了同学们对立定跳远的兴趣,养成一生的运动习惯,真好!

除了体育课,我们的大课间体育项目有趣的也有很多,跳绳就是其中之一。跳绳可以发展我们身体的协调性、弹跳力和耐力。我们还有绳操,其间有30秒计时跳、双人合作跳等,能培养我们与他人合作、交流、共处的能力以及创新的意识。我们学校社团中还有更高级的花样跳绳队。让我们来看一段视频。(播放视频)

同学们是不是非常佩服?今天我们请到了学校花样跳绳队的杨沈豪同学,请他跟我们同学分享“花样跳绳陪我成长”。

杨沈豪:同学们好,花样跳绳是我来到玉峰实验学校之后接触到的一项运动,记得当年对于刚入一年级的我来说,这项运动是全新的挑战,同时也是极大的乐趣。

我们的训练时间是每周放学后固定时间,每周六下午的训练也是雷打不动的日程安排。我们的体育老师会在训练课上连续安排热身运动、花样跳绳、团体配合训练、体能训练等项目。我们在享受着激情音乐的同时,也不断体会着心跳气喘和腰酸腿痛。

我慢慢地喜欢上了这项体育项目。我喜欢这欢快的音乐,我喜欢这跳动的节奏,我喜欢配合的默契,我喜欢酣畅的汗水,我喜欢老师对我说:“杨沈豪,你行的!坚持下去。”

可是,练习了两年后,好多队友慢慢退出了跳绳队,也许是忍受不了枯燥的训练,也许是占用了较多的学习时间。但这些都没有影响我坚持下去的决心,因为跳绳不仅提高了我的体能,改善了我的过敏性体质,还锻炼了我的意志、耐心,提高了我的各科成绩,也让我知道了和队友合作的重要性。

到了四年级,老师开始带着我们出去参加各种比赛,比赛中有欢乐也有眼泪。还记得我第一次去太仓参加省里比赛,心里特别紧张,在跳交互绳的时候断了好几次,越是急失败率越高,整个比赛下来,发挥得很不理想,当然也没有取得好成绩。当时的我,泪水不争气地滚下来。老师走过来像妈妈一样搂着我说:"不要气馁,我们明年再来赢回来。"

五年级时,又快到比赛时间了,我选择了我的强项磕踢。在比赛前我抓紧任何可以锻炼的时间,连大课间休息我都在练,因为我知道熟能生巧,练多了才不会紧张。到了比赛那天,我轻装上阵,轻轻松松地完成了比赛,回来后我很得意地告诉妈妈我的成绩,妈妈赞叹道:"儿子,老天不负苦心人。"我马上反驳,不对不对,我不苦,我快乐跳绳,我快乐成长。

如今的我,多次被评为三好生、优等生,多次代表学校参加各级各类比赛。花样跳绳已经成为我生活中不可缺少的一部分。我跳绳,我快乐,伙伴们,让我们一起运动起来!

小敏校长:谢谢杨沈豪同学的分享,参加花样跳绳,其乐无穷;坚持花样跳绳,收获奖状无数。我们看到的杨沈豪同学,每天都自信满满,阳光健康,还拥有做事有毅力的品质。小敏校长为你点赞。

同学们,坚持运动锻炼好习惯,不止是一个口号,它是助推我们每个人成长的一种力量。让我们在活力玉峰乐趣无穷的体育锻炼中,养成锻炼好习惯,收获快乐和成长。

三、养成锻炼好习惯:增强体质享受快乐

小敏校长:同学们好,今天的"讲习惯",小敏校长先请大家看一段比赛的视频。(播放视频)

同学们是不是非常佩服,这是咱们玉峰实验学校的绳毽队参加 2019 年江苏省第六届中小学生跳绳踢毽锦标赛的一个类别的比赛——花样跳绳,我们获得了什么奖呢?

请看奖状——团体奖有:道德风尚奖、花样跳绳自编表演赛二等奖、团体一等奖。个人奖就更多了,下周升旗仪式上将一一颁发。其中邵铭皓同学盘踢毽破纪录,陆心恬、王琪两位同学双人跳破纪录。让我们再来观看同学们的部分比赛视频。(播放视频)

在精彩的比赛中,在成绩的背后,是咱们学校体育组老师的智慧和辛勤付出。我们的阳光体育课程有绳毽类,有啦啦操,有体质健康测试项目练习等,已经形成了系统的课程,已经呈现出很好的全员锻炼的理念。"我运动,我健康,我成长"的理念已经深入人心。运动带给我们的好处有很多:健康的体魄,顽强的毅力,勇攀高峰的品

质等等。

下面小敏校长讲一个体育锻炼和我的故事。我是在小学三年级的时候参加了千灯中心小学的田径队。当时我在学校运动会中获得了 100 米比赛的第三名，被体育老师选进了校田径队。田径训练是很枯燥的，总是绕着操场跑啊跑，我有了退出的念头，但又留恋运动员们一起训练的快乐，更主要的是，每天训练后，我们运动员都能发到一块巧克力和一包牛肉干，来增加营养。在七八十年代，这有营养的零食可是非常稀罕的。于是我就坚持了下来。直至初中、师范，我都是田径队的运动员。我的最好成绩是在 1987 年参加江苏省中专中师运动会，800 米跑获省第一名并破纪录。

工作以后，我的同事们都发现，我的身体特别好，从没请过病假，做事情特别有韧劲，不管任务多重，总能完成得很好，很多时候都是熬夜开夜工完成的。我才突然明白，那是长期运动带给我的好处：健康的身体，顽强的毅力，使我在工作中碰到任何困难都能努力克服。我真的非常感谢体育。所以，我看到喜欢运动，坚持运动，有运动好习惯的学生就特别喜欢。

让我很欣慰的是，我们全校大部分同学都不怕上体育课，都热爱运动，课间、大课间、体育课，都能看到同学们积极锻炼的情景。请看这几段小视频。（播放视频）

是不是很有意思？课间的走廊上，高年级的同学们在踢毽子；走廊的角落里，我们二年级的同学在练习花样跳绳；大课间时，各班级组织跳长绳，也已经很是熟练。最后让我们一起重温上周一韩梅老师国旗下讲话的精神来结束今天的讲习惯：

做操有活力、跳绳肯卖力、跑步有耐力、踢毽有专注力，用心到位地坚持锻炼，让自己的身心更健康，做一名名副其实的玉峰活力学子。

第四节　年级实践课程

播下一个行动，收获一种习惯；播下一种习惯，收获一种性格；播下一种性格，收获一种命运。研究表明：人的 95%的行为是通过习惯铸成的。习惯不是一天养成的，健康好习惯的养成更是需要不断地积累才能更好地帮助塑造学生身心健康，才能助推孩子更好地发展。

一、活动主题

你“keep”了吗？

二、活动目标

1. 能够养成每天坚持运动的好习惯、掌握运动技能、提高运动健康意识。
2. 能够有正确的健康教育观念，有健康的卫生习惯。

三、活动适用年级

一年级。

四、活动内容

一年级的孩子们很少有主动要去养成健康好习惯的意识，但是他们很在意同学、老师、家长等外界对自己的评价，因此必须多方面合作，共同促进一年级学生的健康好习惯的养成。

1. 学习健康教育知识，通过家校合作帮助孩子树立良好的体育健康观念。

2. 教师教授运动技能与方法，在体育课和体育活动课上进行运动实践。

3. 制定课外计划。

(1) 21 天运动课外计划。

研究表明，21 天可以帮助一个人养成一个习惯，而一年级的孩子们正处于发展健康习惯的萌芽阶段，开始在体育课上学习提升健康的运动知识、运动技能，那最好的方式便是设计不同的挑战计划，让他们将技能、知识转化为自己的能力。

21 天运动计划表（完成后请打"√"）

序号	运动项目	1	2	3	4	5	6	7	…
1	啦啦操/搏击操								
2	1 分钟跳绳								
3	1 分钟仰卧起坐								
4	柔韧拉伸								
5	1 分钟拍小篮球								

(2) 技能大挑战。

当一年级的学生完成了指定的计划后，可能会逐步失去兴趣，那设计挑战便能再次激发他们"keep"运动的习惯，教师设置不同难度的挑战目标，学生进行挑战直至完成既定目标。

挑战计划表（完成后请打"√"）

序号	运动项目	1	2	3	4	5	6	7	…
1	啦啦操/搏击操（3 遍）								
2	1 分钟跳绳（100 次以上）								
3	1 分钟仰卧起坐（30 个以上）								
4	柔韧拉伸（30 次）								
5	1 分钟拍小篮球（60 次）								

（3）成果大比拼。

①项目“达人”赛。邀请学生参与自己最擅长的项目进行展示，达到老师提出的最高目标，则为该项目的“达人”。

②项目 PK 赛。同一项目同一水平的同学可以选择对手来 PK ，最终获胜的同学进入项目明星展示。

③项目明星展示。在项目 PK 赛中最终获胜的同学，在年度校运会开幕式上进行展示。

五、活动评价与总结

1. 开展自我评价、同学评价、家长评价、教师评价。

自我评价表（完成后请打“√”）

序号	评价内容	我能做	我会做	我做好	做很棒	总评
1	记得饭前便后要洗手，早晚刷牙洗脸，注意个人卫生。					
2	认真学做课间操，能参与同学之间的游戏。					
3	不随便乱扔纸屑、不乱吐痰等。					
4	听从家长和老师的教导，不任性，不说谎，有自信。					
5	学习自己整理书包文具等，会整理书桌、床铺等。					

2. 收齐学生计划表、评价表等，了解学生健康习惯养成的情况。

3. 根据学生数据，评选出“优秀健康达人”。

4. 鼓励学生持之以恒、坚持好习惯。

第五节　班级活动课程

一、活动主题

你“keep”了吗？

二、活动目标

1. 结合学校已学过的跳绳与踢毽动作，通过打卡活动巩固“并脚跳短绳”与“连续踢毽”的小技能；一分钟跳绳的成绩提升能达到 20 个以上，踢毽能从单个踢变成连续踢。

2. 通过打卡活动树立良好的运动意识，做到每天在家能运动 30 分钟以上。能将跳绳和踢毽活学活用，把更多的运动技能带回家与家人分享，并在与家人、伙伴一起运动的过程中养成科学锻炼的习惯。

3. 通过打卡活动养成每天运动的健康习惯，乐于把已学技能展示给家人与伙伴；通过打卡活动形成良好的挑战自我的意识。家长养成与孩子共同锻炼的习惯，形成健康的家庭运动氛围。

三、活动适合年级

一年级。

四、活动过程

1. 告家长书

通过班级 QQ 群，让家长了解“运动小能手”打卡活动的方法与要求，每天在孩子运动时做好记录工作，及时给予孩子肯定，在孩子需要配合运动时能做好孩子的运动助手，与孩子一起享受运动带来的乐趣，为孩子完成 21 天的打卡活动做好展示准备。让家长明确自己在孩子健康习惯养成上的不可或缺的作用。

2. 创建微信群

微信群是家长与老师沟通的桥梁，需要家长每天根据学生们的活动情况进行打卡，以便老师能够了解每个孩子的习惯培养情况。老师上传学生在学校已学的啦啦操视频，以供学生在家作为热身活动使用。

3. 选择打卡小程序

选择一个方便家长操作的打卡小程序，小程序既要可以上传视频与照片，又要便于数据统计，这样家长可以通过视频打卡、音频打卡、照片打卡和数据打卡等形式记录健康习惯养成的过程。小程序直观方便的打卡形式有利于老师进行统计与分析，便于家庭间相互学习，更可以为孩子成长做好资料保存。

4. 动员会

利用体育课或是活动课的时间告诉学生“运动小能手”打卡活动的方法与要求，特别是让学生明确他们每天要做的事：第一周每天的运动要拍视频，第二周每天的运动要拍照片，第三周每天的运动要报成绩，除了跳绳与踢毽，老师还希望看到他们能与爸爸妈妈、哥哥姐姐们一起做运动，并告诉他们，老师每天都会关注他们的进步！

5. 活动内容

第一周：

完成内容：跟视频进行啦啦操热身，再进行完整的一分跳绳与一分钟踢毽视频打卡，并用一句话音频说一下还做了哪些运动。

第一周是习惯养成的最关键的一周，采用视频打卡的方式是让孩子有一个完整的原始数据与影像的记录。对于一年级学生来说录制视频也更利于孩子展示自己，帮助孩子建立良好的心理素质。同时作为倡议者的老师每天要提醒学生回去打卡，同时也要提醒家长协助孩子完成打卡，并对每位学生第一次的打卡成绩做好记录，每天还要在微信群内表扬积极打卡的同学，以确保打卡的参与率。

第二周：

完成内容：带领家人一起做啦啦操热身，一起做自己喜欢的运动，最后完成一分钟跳绳与一分钟踢毽，家长通过拍照的形式记录孩子运动，每天上传孩子运动的照片 2 张以完成打卡。

第二周是健康习惯养成的巩固周，老师要更多关注家长打卡的内容，包括照片中出现的人物，孩子的运动方式、表情所体现出的心情等等，并通过表扬家长的参与、孩子运动形式的丰富等来引导家长持久关注孩子的运动，同时帮助孩子完成最困难的一周。这一周的最后一天还需要家长发表一句与孩子一起做运动的感受作为心情分享。

第三周：

完成内容：用自己擅长的运动进行 10 分钟的热身，把每天在体育课上学到的本领展示给家长看，最后与家人比一比一分钟跳绳与踢毽，并把比赛成绩打卡记录。

第三周是成果展示周，利用家人间的小比赛来提升打卡兴趣，用最简洁明了的数字让孩子看到每一天的坚持与每一次的进步。老师可以用打卡倒计时的方式来制造习惯养成的氛围，同时要求家长在第 21 天时完成 3 分钟“运动小能手”视频录制作为成果展示，内容包括跳绳与踢毽的呈现、收获与心情分享。

从第一周的视频打卡到第二周用照片记录到第三周的文字记录，用这 3 种不同的打卡形式是为了让学生知道，习惯的养成一开始是最难的，一旦养成习惯之后，就不再会觉得这是个任务，而是它已经成为了生活的一部分，要由难及易，慢慢培养出好习惯。

五、活动评价与总结

第 22 天，结合学校的家校合作日进行亲子大课间活动：同跳一套操、同踢一个毽、同跳一根绳。

1. 成果视频分享，展示第 21 天的视频集锦。
2. 家长点评自己孩子这 21 天来的表现，以及运动能力、行为和心理的变化。
3. 老师根据每一位学生的打卡表现和成果展示小视频说一说大家的进步。
4. 颁发证书：根据 21 天打卡表现颁发“运动小能手”证书。
5. 教师小结。

在孩子成长过程中，好习惯的养成绝对是父母教育最重要的工作。再聪敏的孩子，没有好的习惯也将会一事无成，而习惯养成对父母和孩子来说都是一个挑战。健康好习惯的养成，需要家长和孩子共同努力。要相信，付出总会有收获。你们的进步，父母和老师都看得见，加油，孩子们！

第五章　审美好习惯

第一节　各年段目标内容

审美习惯养成是学生必修的核心素养。席勒在《美育书简》中写道，在力量的王国中，人与人以力相遇，因而人的活动受到限制；在伦理的王国中，人与人以法律相对峙，人仍要受到限制；只有在审美的王国中，人可以通过自由去给予自由，因而给社会带来和谐，也使人成为和谐的整体。正是美及审美给人类、社会、人生、生命成长带来如此多的美好、美丽与美妙，它就理所当然地成了一个人终其一生需要拥有与修炼的核心素养之一，也就自然而然地成为学生必须学习与修炼的习惯之一。

我们的审美好习惯培养的核心关键词是"尚美、鉴赏、表现"。即能够崇尚美丽，分清是非，知道美丑，并能表现美。

各年段目标内容如下。

一年级

音乐：听一听，找一找大自然中的声音，发现生活中充满了音乐。

美术：感受大自然中花草树木、景观的美，拥有一双善于发现美的眼睛。

文学：欣赏课本中优美的字、词、句，把自己的想法写出来、画下来，学会欣赏文字的美，并学会用美的文字来表达。

生活：学会穿衣搭配，房间布置，置身于美的环境中，并得到美的享受。

二年级

音乐：听辨不同情绪的音乐，能够做简要的描述。

美术：观察各种物体的外形、色彩，讲解某些自然画面美的原因，如色彩鲜艳的花朵与暗绿的叶子形成强烈的对比，给人以鲜明的感觉。

文学：坚持每天阅读，在文学作品中，看到细腻的美，学会欣赏美。

生活：懂得欣赏音乐、美术、自然风景等，能够发现身边的美。

三年级

音乐：能分辨大声喊唱和轻声唱的声音区别，寻找自己美的声音。

美术：对同学的美术作品、作业能够做出大致的优劣等级鉴赏和评价。

文学:坚持每天阅读,培养思辨的能力,平时善于表达不同意见,敢于提出看法。

生活:留意生活中的美好,并能够与同伴分享。

四年级

音乐:感知音乐中的民族风格和情感,了解不同民族的音乐传统,知晓著名的音乐家。

美术:能区别出暖色调的画和冷色调的画之间的不同之处。能将掌握的配色方法运用于自己的绘画和班级的黑板报设计。知晓著名的画家。

文学:坚持每天阅读,阅读我国的古典名著。

生活:参与教室的布置,美化环境。善于发现生活中的美,有被美的东西和气质好的东西所感染的心。

五年级

音乐:培养音乐感受和欣赏能力,初步养成良好的音乐欣赏能力。

美术:学会欣赏中国传统绘画中各种粗细、浓淡、干湿、疏密、轻重和抑扬顿挫、刚柔并蓄、变化莫测的线条,以及其所表现的不同造型、不同质感的千变万化的事物。

文学:坚持读名著,在班级中开展读书交流,能与老师同学共同讨论成长。

生活:多参加各类校外活动,加强对人文内涵的感受和理解。

六年级

音乐:丰富和提高艺术的想象力和创作力,能自信地表现歌曲。

美术:了解绘画、书法等艺术形式的美,能发现名画中的色彩的明度、色相、纯度等变化,能从美术的视角来欣赏作品。

文学:阅读经典书籍,在文学中感知美、发现美、体验美、理解美,调动感官去体验,身体力行做到语言美、行为美、心灵美。

生活:培养审美情趣,多欣赏建筑设计和生活用品的美,关注生活环境中的美。

第二节　课程方案

一、课程目的

中外教育都把审美教育列为教育的主要内容。社会主义审美教育的目的在于培养学生的心灵美、行为美,使其具有美好的理想和高尚的个人生活情趣。对于小学生来说,培养良好的审美习惯,可以促进学生更好地感受美、展现美。

美是有力量的,没有美育的教育也是不完整的教育。几千年前,孔子就提出“兴于诗,立于礼,成于乐”,强调审美教育对于人格培养的作用。蔡元培先生曾大声疾呼:“美育是最重要、最基础的人生观教育。”美育的一个很重要的方面是培养孩子的审美能力。而对美的欣赏能力在物质供应日益丰沛、精神问题愈显突出的现代社会,将发挥越来越重要甚至是不可替代的作用。对个人来说，它关系到感受生活的能力。我们每个人身处相同的世界，但是对于美的理解不同，打量世界的视角不同，感受到的幸福程度也就不同。

日常生活、自然界、艺术作品中蕴涵着各种美的事物和现象，一个完整强健人格的养成，并不源于知识的灌输，而在于感情的陶养。这种陶养就在于美育。塑造全面完整的人，也正是美育的宗旨。

二、实施时间

每年的3—5月。

三、课程主题

尚美、鉴赏、表现，养成审美好习惯。

四、课程内容

1. 3月25日—4月24日，“高小好声音”大赛。（参加对象：四至六年级学生）

2. 4月8日—4月26日，“我们的节日”绘画评比。（参加对象：低年级学生）

3. 4月15日—5月8日，“科技创新未来”剪贴画评比。（参加对象：中年级学生）

4. 4月22日—5月13日，“我的未来不是梦”手抄报评比。（参加对象：高年级学生）

5. 4月22日—5月22日，“舞出精彩”舞蹈大赛。（参加对象：一至三年级学生）

6. 4月23日—5月19日，一年级开展“寻找书香小秀才”“21天阅读打卡”活动。参与家庭通过微信每天上传一张孩子阅读的照片配一段文字（文字格式：“呦呦鹿鸣文学社”＋21天诵读＋诵读书名及章节＋用时）。活动结束评选出“书香小秀才”，颁发奖状。

7. 4月23日—5月30日，全校学生开展“一校一品，每家一读”活动，学生将自己每天的阅读情况记录在阅读存折上。活动结束根据阅读情况每班评选出5名“阅读小状元”和2个“书香家庭”。

8. 5月13日，二年级开展“亲子绘本故事我讲你听”活动，通过演一演、讲一讲来告诉大家有关礼仪的小故事，要求每班精选一至两个节目参与，由老师辅导，也可由家长辅导（优秀节目参加学校艺术节表演）。三、四年级开展“且听风吟”美文诵读比赛，在班级海选的基础上，每班选出1名学生参加活动。

9. 5月15日，一至六年级各班开展“为你读诗”亲子朗读活动。每班精选2段音频及一张亲子共读照片，朗读时间3分钟左右。学校将择优评出“十佳朗诵”奖，在学校电视台播出，并择优参加学校艺术节表演。

10. 5月20日，五、六年级开展“古诗词闯关赛”，每班5名学生参加。内容：《72首古诗》《朱柏庐治家格言》。

11. 5月31日,“童心共筑·中国梦”第十四届百花园艺术节优秀节目展演暨“六一”庆祝活动。(参加对象:全校师生)

12. 5月31日,各类阅读活动、艺术类比赛的颁奖暨艺术节闭幕式。

五、活动延伸

优秀活动内容通过学校微信公众号推送。

六、氛围营造

1. 3月4日,发表“美,是一种看不见的竞争力”国旗下讲话,对全校进行动员宣传。
2. 3月4日—3月29日,学校电子屏滚动播放“尚美、鉴赏、表现,养成审美好习惯”。

第三节　小敏校长讲习惯

一、养成审美好习惯:我们都爱艺术节

小敏校长:首先请同学们一起欣赏学校电脑老师小伍老师制作的艺术节视频。(播放视频)

大家都看到了自己的作品,听到了各年级同学代表的感言,在此,小敏校长代表同学们感谢美术组老师们的策划和辅导。

就着这段视频,今天小敏校长讲习惯的主题是“养成审美好习惯:我们都爱艺术节”。

审美习惯养成的内容很广泛,如会唱富有童趣的歌曲,并从中享有乐趣;会一些简单的舞蹈,用身体语言表现音乐内涵等。审美习惯的养成,是创造美好生活的源动力。因为一个不会欣赏美的人,肯定无法创造出美的事物来。

我们本届艺术节的主题是开发学生的绘画潜能,培养学生审美好习惯,让学生学会发现生活中的美术,欣赏生活中的绘画美。下面我结合艺术节重点讲美术学科中的审美规范。主要包括以下10点:

1. 能画一些充满童真的绘画作品,对美术学习有兴趣。
2. 了解绘画的一些基本要求,爱护作画工具,不故意损坏。
3. 能选择适合自己的工具、材料,记录与表现生活中的所见所闻、所思所感。
4. 了解美术表现的多样性,能用简单的美术术语,表达自己对作品的感受。
5. 了解我国和世界的一些著名画家及其代表作品。
6. 结合语文、音乐等学科内容,灵活地利用素材进行创作。

7. 许可条件下参观美术馆、博物馆，访问艺术工作室或艺术作坊，了解美术展览的方式及艺术作品的制作过程。

8. 看画展时保持安静，不动手触碰展品。

9. 欣赏美术作品时，在不妨碍他人的情况下可以多欣赏一会儿。

10. 看画展时要将食品、饮料、遮阳伞等杂物放进包里，以免不慎弄脏弄坏展品。

做到以上 10 点审美好习惯，将有助于同学们形成高尚情操，能愉悦精神、美化心灵、启迪智慧，能使人生获得更多的幸福，达到更高的境界。那么，我们可以怎么做呢？我有 3 个建议：

1. 让我们从涂鸦开始，接受美术熏陶。

2. 多多参与美术活动，找到学习的榜样。

3. 用好自己发现美的眼睛，创造独特而与众不同的作品。

希望同学们继续努力，期待下一届艺术节能够呈现更多精彩。

二、和两位爱画画的同学一起谈梵・高

小敏校长：同学们好，在审美好习惯养成月，小敏校长和六年级的同学共读了一本书——《梵・高传》。这一期的审美好习惯由我和六(3)班的王婧蕊、诸一涵为大家分享读梵・高传记的收获。

人们常说："爱美之心人皆有之。"的确，爱美是人的天性。在我们生存的世界里，美的事物、美的行为、美的心灵到处都有。但是，生活中美好的东西，并不是所有人都能够看见，都能够感受得到。正如法国著名的雕塑家罗丹说的那样："美是到处都有的，对于我们的眼睛，不是缺少美，而是缺少发现。"无论中国还是西方，美育的实践，以及关于美育的思想和学说，都可以说，古已有之，源远流长。美育本身所具有的感染人、影响人、陶冶人的教育功能，也受到历代美学家和教育家的高度重视。美育是一种情感教育，具有"以美育人、寓教于乐"的特点，通过美的形象，唤起我们情感的共鸣，使我们在愉悦中不知不觉地接受美的熏陶，获得知识，形成良好品德修养，使身心得到全面和谐的发展。美育是我们学生全面发展的一个不可缺少的部分。它的品质在于理解自然和社会的美，在于以艺术眼光来认识周围的世界，也在于培养艺术的美的创造力。

王婧蕊、诸一涵都是爱画画的孩子。画画并没有影响她们的学习，反而让她们其他功课的学习很轻松。在学习之余，我们这些爱画画的孩子也会去品读一些中外绘画大师的个人传记。今天，就请两位来给大家分享著名的绘画大师梵・高的传记，在品读大师成长经历的同时，也激励我们自己好好学习。

下面先请王婧蕊来介绍一下梵・高。

王婧蕊：1853 年 3 月 30 日，梵・高出生于荷兰南部布拉邦特省一座小市镇上的一个牧师家庭。因为家境贫困，梵・高在 16 岁时曾到海牙的古比尔美术商店当小职员。在那里工作 6 年后，因为老板嫌他神经过敏而遭辞退。

1876 年春天梵·高到了伦敦，在平民区的一所小学校里教法语。后来，他又接受邀请，到怀德柴博平民区做慈善工作。在这里，他亲眼目睹了平民们的悲惨生活。有许多次，他曾独自穿过伦敦东区来到西区。西区被称为富人们的天堂和仙境。梵·高站在一座小山上，望着一边富丽堂皇的高楼大厦，也望着另一边低矮破旧的贫民窟，心里第一次萌发了用画笔来描绘这个不平等的世界的冲动。然而，他又想像自己的父亲一样做一个行善的牧师。于是，他进入了布鲁塞尔的一所福音学校。1878 年夏，他去往比利时南方的一个矿区传教。可是，因为他对穷人的毫无原则的同情，与教会的一些规定产生了矛盾，最终惹怒了教会，第二年他就被解除了教职。

1880 年，27 岁的梵·高在经商和传教均遭碰壁之后，在弟弟提奥的帮助下，正式开始把绘画当作自己的职业。他的弟弟是一个颇为内行的美术经济人和画商，他们之间亲爱的手足之情，是梵·高在苦难的生命历程中唯一感到温暖的源泉。

小敏校长：对的。也就是从这一年起，他在一些博物馆临摹伦伯朗、米勒等画家的画作，同时学习荷兰的风俗画。亲爱的弟弟在经济上给予他力所能及的接济，可是，为了多省下一点钱来购买绘画用的材料，梵·高不得不常常只吃一点面包或几个栗子充饥。有一段日子，他也曾去海牙投奔自己的一个堂弟毛威并跟着他学画。但是，毛威要他不断地去画石膏像，采取的是一套纯古典和呆板的教授方法，这使梵·高无法接受。终于，有一天他忍无可忍将石膏像摔碎后拂袖而去。事后，他给弟弟提奥写信说"我要画的是人性，人性，是人性"。

1885 年梵·高进入他渴望已久的安特卫普美术学院。可是不久他又感到了失望，学院派的清规戒律和暮气沉沉的一套也是他所不能接受的。有一次在画维纳斯塑像时，他竟恶作剧地给这位美神画上了一张荷兰农场主妇般的肥腿。教授气恼地夺取了他的画笔，梵·高却用狂吼表达了自己的抗议。他说："你是否知道女人应该是什么样子？一个女人必须有大腿、臀部和骨盆才能生育孩子。"当然最终，梵·高被赶出了美术学院的大门。

接下来的梵·高怎么做的呢？请诸一涵同学接着分享。

诸一涵：1886 年，不幸患上了伤寒病的梵·高决定去巴黎寻求弟弟的保护和支持。在巴黎，他结识了许多印象派画家。与高更的相识和惺惺相惜，是他艺术生涯中的一个转折点。他从高更那里学到了毕沙罗的技法，吸收了印象派明亮的色彩和对自然光的表现方式，一扫自己在荷兰时期的那种阴暗的色调。他也十分欣赏德拉克洛瓦的浪漫主义和日本的浮世绘风格，浮世绘鲜明的色彩、简洁而富有表现力的线条都唤起了梵·高的共鸣与热情。在巴黎，他博采众家之长，逐渐形成了属于自己的鲜明的艺术风格。但巴黎是喧嚣的，梵·高像高更一样，无法长久地忍受巴黎贵族沙龙的脂粉气息和学院派的繁文缛节。1888 年 2 月，在提奥的帮助下，梵·高来到了阳光灿烂、色彩艳丽的南方城市阿尔。阿尔炽热的太阳神给这个崇尚自然的画家带来了源源不断的创作灵感，他几乎进入了一种疯狂的工作状态中。有艺术史家做过统计，梵·高在阿尔生活的四百多天内，大约画了两百多幅油画，一百多幅素描和水彩画，还写了两百多封谈论艺术与生活的书信。他最有名的一些作品如《向日葵》《在圣马迪拉莫海边的渔船》等都是在这个时期完成的。

在阿尔，梵·高的绘画艺术臻于巅峰臻于成熟。但同时，因为过量的工作和生活上的极度困境，他的身体也遭受了极大的损耗。他患有精神病，并时常复发，一旦发作就会处于无法控制的癫狂状态。有一次他在醉酒之后，在别人的唆使下，竟用一把锐利的剃刀割下了自己的一只耳朵。在梵·高一生留下的所有作品中共有约四十幅自画像。其中，最为人熟知的那幅包着耳朵抽烟斗的自画像，就是他割掉耳朵后养伤时画下的。这幅自画像中的梵·高表情显得平静而凝重，他注视着远方似乎思索着什么，又像有所期待。他脸上并无痛苦的表情，一圈圈烟雾正从烟斗中袅袅升腾开来，使人感到画面上有一种风雨过后的安宁与平静。他还着意用红色铺展大地，用柠檬黄涂出的天空作为背景，在梵·高看来，红与黄的颜色所产生的强烈效果，会给所有苦难和贫困的人带来希望和幸运，当然也会给自己以慰藉和温暖。

到了 1889 年 5 月，因为精神病的折磨，梵·高不得不住进了著名的圣雷米精神病院。不久，他的弟弟提奥又把他转到了奥威尔一所最好的疗养院，希望他安心养病。但梵·高请求弟弟留下他心爱的颜料和画板，弟弟答应了他的要求。

在疗养院的日子里，只要身体允许，他就在医院附近的田野上和小溪旁画画。谁能想到这个天才而苦命的画家，在他生命最后的一年零两个月之中，竟然画出了一百五十多幅油画和数百幅素描。此时，他的画风突变，他整日为骄阳之下的金黄色麦田着迷，仿佛又回到了身在阿尔艳阳下时的状态。有时，他会激动地对着麦田看守人高声叫喊："金黄色，金黄色，多么美的金黄色啊！"梵·高曾在书信里兴致勃勃地告诉弟弟提奥："当我画太阳时，我想让人们感觉到，它是在以一种惊人的速度旋转着，正发出威力巨大的光和热浪；当我画一块麦田时，我希望人们能感觉到，麦粒内部的原子正为着它们最后的成熟和绽开而努力；当我画一棵苹果树时，我希望人们能感觉到苹果里面的果汁正把苹果皮撑开，果核中的原子正在为结出自己的果实而努力。"然而，他的精神也越来越紧张，越来越癫狂，时常不断地产生种种幻觉，他意识到自己已经彻底疯了。

这一天，在正午寂静的田野上，面对灿烂的阳光，他用一把手枪朝着自己的胃部开了一枪，随后便平静地收拾起画板和颜料走回住处。他苦熬了两天，痛楚难忍，也未曾叫喊一声。临终之前他还不断地吸着烟斗，和自己最亲爱的弟弟提奥谈论着艺术。在他心脏停止跳动的前一刻，他的嘴里还叼着燃烧的烟斗，这一天是 1890 年 7 月 29 日。

小敏校长：一本好书，看了让人思考。梵·高是孤独而任性的，他不被人理解，大部分时间都在孤军奋战。可是艺术本来就需要耐得住寂寞。梵·高把他的内心世界全部表达在了画布上，那是他唯一的表达方式。人们透过画布看到了他滚烫的心——朴素、善良、执着、热情、高贵的心。梵·高是天才，不过不是传统意义上的绘画天才，而是一个努力的天才，他不仅将绘画当成一项事业，更是当成生命，每一幅画都注入了他的生命。相信学校推荐的《梵·高传》将给每个同学以启发。

第四节　年级实践课程

审美习惯的养成不是空洞的说教与机械的训练，它是落地的，是活泼的，是有生命力的。审美是每一个孩子需要去经历的一段段旅程。美的幼芽是如何萌发的？黑格尔说，审美带有令人解放的性质。当我们把眼光投向审美习惯时，我们首先想到的是解放。因为，迟钝的感官是感觉不到所要到达的地方的。所以，我们需要培养儿童的审美意识和审美眼光。

一、活动主题

绘本，让美更容易被找到。

二、活动目标

1. 能养成多读书、读好书的习惯。
2. 通过寻找优秀的绘本、阅读优秀的绘本，学会发现美。
3. 通过对绘本的阅读、理解、临摹、再创造，崇尚美、追求美、实践美，并尝试创造美。

三、活动适用年级

一年级。

四、活动内容

每位同学寻找自己喜爱的绘本，老师可适当做推荐，如《变色鸟》《彩虹色的花》《好饿的小蛇》《蚂蚁和西瓜》《翻滚吧，虫虫》《莱尼喜欢蓝色》《蜡笔小黑和神奇的朋友》等。

用两个月的时间，从自己挑选的喜爱的绘本中，发现美，创造美，养成良好的审美习惯。

第一周：读懂，读透，理解绘本所讲的中心思想，早读课开展“我最喜欢的绘本”分享会，同学间分享自己喜欢的绘本故事。

第二周：本周美术课堂，请同学们一起分享在绘本中发现的独特的绘画语言，老师指导分析，让同学们从绘本中学习到更多美的表达方式。摒弃原先固定、死板的绘画方式，以全新的视角临摹一幅自己最喜欢的绘本插画。

第三周：本周发动学生寻找自己身边的小故事，观察、发现身边美好的事物，自己编写一个简单有趣的绘本故事，早读课开展“我讲故事给你听”主题活动，分享自己在生活中发现的美好。

第四、五周：请同学们根据自己编写的小故事，用绘本插画的形式，创作属于自己的绘本故事书。

第六周：全校举行“我是大画家”绘本故事书巡回展出，投票评选“我最喜欢的绘本故事”。请同学们在欣赏他人作品的同时学会发现美，欣赏美，养成良好的审美习惯。

第七周：全校评选出最受欢迎的绘本故事。请同学们为这个绘本故事设计简单的道具服装，注意色彩的搭配。

第八周：汇报演出。请同学们穿上自己设计的道具服装，表演绘本故事。

五、活动评价与总结

绘本融合了构图、色彩和人物造型等基本的美术绘画语言，使得这些技巧以生动多样的形式呈现出来。这样的形式能够让学生更加容易地去理解和发现美术的内涵和构造。本次活动采用绘本的形式来对学生进行绘画技巧的指导教学，也潜移默化地对学生养成良好的审美习惯、提升自身的审美能力起到了很大的作用。

第五节　班级活动课程

一、活动背景

新课标改革的不断推进，使得小学美术教学目标也有了很大的改变，不再仅仅是对一些美术基础知识的学习，更多的是注重对学生美术素养的培养和提升，即帮助学生了解美术学习的实质，提高他们对于美和艺术的感知能力、欣赏能力以及评价能力。学生对于美术作品的赏评不仅展示了小学生自身的艺术素养，同时也代表了他们对于艺术的独特理解，这是当前小学美术教学的重点所在，也是我们开设此次活动的重要背景和目的。

二、活动目标

1. 让学生对著名的绘画作品有所了解，对作品的整体思路以及基本构图方法有所认识，可以欣赏到画作的优美之处并通过作品的外在表现形式尝试探索更深层次的情感，可以表达自己在欣赏完整幅作品之后的感受，让学生体验到赏评美术作品的乐趣。

2. 让学生根据老师所给出的主题，发挥自己的想象力，创作出自己的作品，并把自己的作品予以展示，说明自己的创作理念，由其他学生进行欣赏评价，提高学生之间互相赏评作品的能力。

3. 通过对美术作品的赏评，可以培养学生从多方面感受美、欣赏美、表达美的能力，帮助学生形成一双善于发现美的眼睛，认真观察生活中的美好事物，养成一颗善于被周围环境中的美所感染到的心。

三、活动适用年级

四年级。

四、活动过程

生活中美好的事物到处都是，缺乏的只是一双发现美、欣赏美的眼睛，对美好的感知能力以及鉴赏评价能力是十分重要的，本次活动就是以赏评美术作品为主题，希望通过活动的开展可以提高学生的审美情趣，善于发现生活中的美好。

（一）美术作品大对比

1. 激情导入

老师利用多媒体展示出事先准备好的比较有名的几幅美术作品，这些作品分别属于两种类型，第一种是东方传统绘画作品，如吴道子的《天王送子图》，第二种是西方绘画作品，如达·芬奇的《最后的晚餐》。老师在展示这两幅图画时，首先让学生自己对作品进行欣赏，并请同学根据自己已有的美术鉴赏经验和自己对于这两幅画的整体感觉，说一说自己的感受，以及自己所认为的它们之所以可以流传千古的原因在哪里，这两幅分属于不同地区的绘画作品又在哪些方面有所区别。老师可以让学生自己思考或者是小组讨论。

学生思考结束之后，老师让学生选出代表来总结讨论得出的观点，之后老师以《天王送子图》《最后的晚餐》这两幅画为代表，对作品的各个方面进行深入分析，从不同的角度去和学生一起发现作品中隐藏的美，以及这两幅画的美又有哪些不同。首先，中西方绘画所采用的绘画工具是不同的，这也是造成它们所呈现出来的作品有很大差异的主要原因。中国画最常使用我们所说的文房四宝，也就是笔墨纸砚，通过毛笔所描绘出的线条来对画中的事物进行构造，这种笔一般比较细，通过线条的密度和颜色的浓淡来进行创作，中国画使用寥寥几笔就可以让欣赏者看到作者想要表达的效果。而西方绘画中所使用的笔一般都是平头的，进行绘画时也主要是以片块为主，西方画相比中国画的注重线条，更喜欢用色彩的明艳对比来进行创作。其次，中国画更加注重意境，作者希望通过自己的作品传达出一种超出作品之外的想法，因而作品更加感性，而西方画则注重理性写实，强调画作中的一切事物都是和实际一样的。

2. 学生自主赏评体验

老师在以两幅代表作品为例讲解中西方绘画差异之后，再次利用多媒体播放一些其他的中西方绘画作品，要求学生按照老师之前所讲授的知识，再加上自己的理解，对这些作品再次进行欣赏点评。在这一次的欣赏点评之前，老师把作品的创作背景提供给学生作为鉴赏的参考，要求学生在这一次的赏评之中，不仅要通过作品所展现出来的线条、色彩搭配去对画作进行欣赏，更要能够从整体出发，结合创作背景，感受作者想要通过画作传达出的感情，使学生的赏评得到升华。

3. 通过实际操作感受中西方绘画差异

老师向学生提供不同的中西方绘画过程中所使用的绘画用具，让学生自己亲自进行体验，感受不同的绘画用具在使用上的不同，从而对中西方绘画出现差异的原因有更深刻的了解，帮助学生学会从新的角度感受美，为学生之后的赏评打下基础。

4. 教师小结

不同的文化背景、不同的绘画用具，会创作出截然不同的美术作品，在面对这些不同的作品时，我们不能以自己固有的审美眼光去进行赏评，而要结合作品的创作背景以及创作意图进行全面鉴赏评价，感受不同的美术作品带给我们的震撼，学习这些作品创作上的优点，提高自己的审美能力。

(二) 学生之间互相赏评

1. 根据主题进行美术创作

新年快要来了，同学们利用自己的美术用具，根据自己每年过年时所看到的景象，进行适当的安排布局，将景象展现在画纸上。可以画一些自己在过年时印象最深刻的场面，也可以是自己所希望的今年过年时候的情景。在进行创作时，要尽量考虑到之前进行赏评时所关注的角度，注重细节。

2. 学生互相欣赏评价

学生根据主题完成自己的美术作品之后，轮流上台展示自己的美术作品，并向其他同学阐述自己这幅作品主要表达的意思，同时对自己的作品进行评价。然后让其他同学欣赏之后给出评价，说出这幅画好在哪里，又在哪里有所缺失。学生之间的互评可以自由发表，发表完自己的评价之后，其他学生不同意的也可以进行反驳，因为每个人对于艺术的感受是不一样的，对美的感知也是不同的，意见的不断碰撞和交流可以使观察美的角度更加多元化。

3. 老师进行赏评

在学生赏评完毕之后，老师对其他学生的赏评进行总结整理，针对学生美术作品的构图、整体布局、细节处理进行针对性的赏析评价，同时向学生提出一些可行性意见，帮助学生更好地改善自己的作品。除此之外，老师的赏评也可以作为学生赏评时的范例，间接告诉学生在对一幅美术作品进行赏评时，可以从哪些方面入手。最后选择出赏评作品更为到位以及自身主题作品完成度较好的学生进行奖励，并鼓励其他学生继续努力。

教师小结：同学们已经根据主题完成了自己的作品，也对其他同学的作品进行了相应的欣赏和评价，相信大家现在在面对一幅美术作品时，都可以从更多角度来进行赏析评价了，赏评能力应该有了很大的提高。

（三）活动拓展延伸

1. 鼓励学生课后寻找一些赏评美术作品的视频进行观看，看一下专业赏评人士是如何对美术作品进行欣赏的。

2. 开展作品鉴赏交流大会，由老师选择合适的鉴赏作品，学生进行相应鉴赏，互相交流意见。学生通过所开展的赏评活动，对于美术作品的艺术表达认识更加深刻，在这个基础上，鼓励学生融合各种要素，进行美术画创作，提高自己的绘画能力。

五、活动反思

随着社会的发展，人们生活的节奏越来越快，往往忽略了生活中的美。为了更好地响应新课标改革的要求，同时也是更好地促进学生的发展，我们开展了以美术作品赏评能力培养为主题的教学活动。从中西方绘画作品的差异引入，让学生感受不同的文化所塑造的不一样的美感，同时锻炼学生自己进行美术作品赏评的能力。通过主题创作，学生互评，帮助学生更好地发现美，感受美，提高学生的审美情趣，关注日常生活中的美好。

第六章　劳动好习惯

第一节　各年段目标内容

在日常的学习生活中，家长替孩子背着书包的现象还是随处可见；上了小学，鞋带还不会系的孩子也不在少数，更别说自己做饭、洗衣。学生劳动能力不足和机会缺失的问题，摆在我们面前。在召开班主任、家长代表、学生代表会议的基础上，我们进行了座谈和问卷调查，围绕自理、勤劳、创造三个小专题，体现劳动教育的五个“目标”：劳动价值观、劳动情感态度、劳动品德、劳动习惯、劳动知识与技能，我们梳理了一到六年级劳动习惯养成的目标内容。如果学生具备了这些品质，那么他们的劳动素养就提高到了较高的水平。

一年级

1. 自己背书包上学，对于长辈提出的合理的如倒水、拿拖鞋、取浴巾等事情要立刻完成。
2. 学会自己穿衣、佩戴红领巾、系鞋带，收拾整理自己的书包、书桌，知晓自己经常使用物品的放置处并且用完归位。
3. 在家一周至少倒三次垃圾、给植物浇一次水。
4. 在校明确值日内容，学会扫地、排桌椅。
5. 参加“劳动与贴画”课程学习，感受劳动是一种创造。

二年级

1. 学会洗自己的红领巾、袜子等小物件。
2. 在家长的指导下，学会收叠衣服，会自己铺床。
3. 学会摆放碗筷、端菜、擦餐桌；学会自己梳头、洗漱、洗澡。
4. 在老师指导下，完成黑板报及学习园地的布置。
5. 参加“劳动与种植”课程学习，收获劳动创造财富的幸福。

三年级

1. 知道家中电冰箱、电饭锅等电器的安全使用方法，并在家长的指导下成功使用。

2. 在厨房观摩一次做饭过程，认识油盐酱醋等调料，并学会磕鸡蛋及搅拌鸡蛋等做饭小技能。

3. 学会整理自己的衣橱和小房间，学着为爸妈做事来表达孝心。

4. 能独立完成黑板报以及学习园地的布置，达到美观、具有教育意义等要求。

5. 参加制作蛋壳贴画课程学习，体会劳动与方法的关系。

四年级

1. 在父母的指导下，学会拌冷菜以及简单的烹饪，如煎荷包蛋等。

2. 能独立整理干净书柜，擦拭干净玻璃、墙壁等地方，美化书房。

3. 研学活动准备过程能够自我计划，购买、收拾物品。

4. 主动承担班级劳动任务，不怕脏，不怕累，认真负责。

5. 和父母一起列出家务清单，并主动领取一份，尽职尽责。

6. 参加社会公益活动，如社区服务、环境保护等。

7. 在老师指导下，完成制作护绿宣传画、卡片赠送家长。

8. 参加“劳动与种植”课程学习，了解中草药的种植和价值。

9. 小组合作：制作一个物品或发明一个新产品，并为大家讲解劳动成果的创造过程。

五年级

1. 学会洗衣服，减轻父母压力。学会去菜市场买菜，能做到荤素搭配。

2. 参加基地活动，能守纪律地独立生活。

3. 学会照顾年老长辈的生活，如送饭等，知道孝顺长辈是基本教养。

4. 熟练掌握一项家务，每天帮助父母做这项家务，如拖地等。

5. 做班级生活的主人，认真完成班级值日工作。

6. 制作一份礼物送给父母，能做到有创意、有心意，表达感恩之情。

7. 种植并养护一盆植物，精心呵护。

六年级

1. 能独立准备饭菜，独立完成家庭卫生打扫，做到收拾有条有序。

2. 能关注自己的仪容仪表，完成简单衣物的清洗，做到衣着整洁。

3. 对自己的零花钱有所规划，合理花销，不乱花不多花。

4. 主动为低年级的小朋友进行劳动方面的指导，如大扫除、出板报等。

5. 走出课堂，走进社区，打扫公共社区，清理城市“牛皮癣”。

6. 能承担相应的班级事务，做事有始有终；树立职业平等观，尊重每一种工作、每一份职业。

7. 参加“劳动与美食”课程学习，明白劳动能提升生活品质。

8. 平时关注生活小技巧，善于发现、创造生活小技能。

第二节　课程方案

一、课程目的

当前，许多家长都舍不得让孩子劳动，孩子“衣来伸手，饭来张口”的现象并非个例；学生“四体不勤，五谷不分”的现象也不少见。在学生群体中普遍存在不爱劳动、不参加劳动也不会劳动等现实问题。

劳动教育应该是贯穿学生一生的教育，所以应该是长期性的、延续性的，是为孩子的终身发展奠基。该劳动习惯养成课程方案是有方向性、指导性的，是要把学校教育中一直被忽视的劳动教育重视起来，推动起来，把劳动教育作为教育提升的一个切入点、教育观念转换的一个突破口。

首先，保证小学阶段综合实践活动课程的课时，还可以结合学校实际，开设烹饪、园艺、家政、手工等劳动特色课程。

其次，强调让学生“真实劳动”，让学生体验田园课程，推动建立劳动教育基地，丰富学生劳动实践体验。探索构建学校学生、教师主体参与的劳动教育新体系。

再次，丰富劳动教育平台和载体，吸纳社会资源支持学校开展劳动教育。家校社携手，让孩子参与实践，在学校里学习劳动知识技能，在家庭中得以实践，并通过在家庭中的劳动再反哺社会，从而构建劳动教育共同体。

将劳动教育与德、智、体、美其他四育放在同等重要地位，形成五育并举、全面贯通、协同育人的人才培养模式。

二、实施时间

每年的 3—5 月。

三、课程主题

自理、勤劳、创造，养成劳动好习惯。

四、课程内容

(一) 3 月 5 日，启动日课程安排

1. 晨会，“小敏校长讲习惯”以“劳动最光荣，做自理、勤劳、创造的玉峰学子”为主题展开探讨，宣布玉峰实验学校劳动习惯主题月课程启动。

2. 中午，三年级“巧手奶奶”、四年级“能手爸爸”进校园活动。各班邀请两位奶奶、

两位爸爸进班。可以指导或传授生活小技能如叠衣服、理桌肚、理书包、扫地等,可以在班级里开展生活技能小比赛。

(二) 劳动月系列活动安排

1. 组织我是"生活小达人"视频录制评比,优秀视频可以在3月"小敏校长讲习惯"中播出展示(视频时间不超过1分钟,动作展示需清晰)。

2. 结合3月8日国际妇女节,于3月8日至11日开展"爱劳动感恩父母"活动。一年级:我为妈妈捶捶背,我为妈妈倒杯茶,我为妈妈跳个舞/唱首歌;二年级:我为妈妈……(自由发挥,完成读写卡),道一声"妈妈,您辛苦了! 妈妈,我爱您!"三年级:利用在校所学技能,在家做一些力所能及的小事(如扫地、擦桌子、洗碗、给妈妈洗脚等);四年级:结合当周"十六艺"兴趣小组活动内容,亲手制作一份小礼物,送给妈妈;五、六年级:为妈妈做一件力所能及的事(如做一顿饭、帮助妈妈整理房间或洗洗衣服等),并送上一封感谢妈妈的信(要求:每班拍好照片或视频,记录下感人的瞬间)。

3. 结合读书会活动,让我们的学生走出校门,走进社区,走进农村,走进工厂,走进军营、走进银行……

4. 五年级组织千灯青少年综合实践基地实践活动,培养学生独立自主的生活能力和劳动技能。

5. 四年级组和昆山市中医院合作开设"种植中草药"课程。

6. 六年级组开展"种植心愿树,放飞梦想"活动。和上海科技馆联合组织"劳动创造科技"课程。

7. 各年级组开展主题实践系列课程:一年级"劳动与贴画"、二年级"花样人生"、三年级"劳动与家务"、四年级"劳动与种植"、五年级"劳动与美食"、六年级"劳动与创造"。

8. 以鸡蛋为主题开展系列综合实践活动。一、二年级:学会煮鸡蛋,自己剥鸡蛋壳;三、四年级:利用鸡蛋壳做手工创作,作品可参与3月"昆疆助学——爱心传递真情互动"鹿城益空间慈善义卖活动;五、六年级:学会做番茄炒蛋或蛋炒饭。

9. 家校共育:组织开展1—5年级家长(亲子)阅读《会做饭的孩子走到哪里都能活下去》一书,开展征文活动。各班家长上交质量较高的读后感1篇。3月13日,一年级"故事妈妈"、二年级"康乐爷爷"进校园活动。班主任做好组织安排工作。可结合3月份各节日进行活动内容的安排。

10. 社区活动:3月11日中午,部分党员、团员及四(6)班正、副班主任、学生带好校旗、队旗、扫把、簸箕等到河滨公园开展"爱绿、护绿"活动。四年级每个学生参与绘制绿化标语,马荣老师指导。3月12日,标语30份由大队干部放学后分发给社区邻居,进行宣传。

五、活动延伸

以"三八"妇女节为契机,号召全校每位同学在家认领一项家务,需长期坚持下去

（比如可以认领每周五晚上的洗碗等等），与体育运动相结合，制作“21天美丽行动打卡记录表”并落实行动。

六、氛围营造

1. 学校悬挂宣传横幅、电子屏，显示“劳动最光荣，做勇攀高峰的活力学生”。
2. 各班在横幅下拍摄一张班级集体照，可粘贴在“我爱我班”板块上。

第三节　小敏校长讲习惯

一、学做家务，体验快乐

小敏校长：同学们好，我们又见面了。今天“小敏校长讲习惯”的主题是“学做家务，体验快乐”。

上个星期，我校启动了3月劳动节系列活动，同学们积极实践家务劳动，从最简单的扫地、倒垃圾、整理房间到学习择菜和洗菜、学习做菜和做饭。在这次活动中，我发现同学们自我服务和服务他人的意识及能力增强了，合作交往、语言表达、发现问题与解决问题的能力也增强了。请看四(6)班王燕同学提供的巧分蛋清和蛋黄小视频。（播放视频）

这个方法真巧妙，在我们的生活中，有不少菜需要将蛋黄和蛋清分开进行烹饪，如做鱼丸时，需要在鱼肉末中加入蛋清，口感更嫩滑，更鲜美，更富有营养。每年春节，小敏校长也会亲自下厨做鱼丸，将10个鸡蛋的蛋清和蛋黄分离开，我大约要花半个小时，用王燕同学这个方法应该只需要5分钟，让我们一起为王燕同学的创造性劳动点赞。创造性劳动，不论年龄大小，我们再来认识一位小同学。（播放视频）

这位小同学是一(1)班的金圣岸。他帮爸爸拿大件快递的方法也很巧妙，是一个会巧干的同学。据老师们和家长们反映，本次活动的每一项内容，同学们都积极参与，力争高质量地完成，为了能真正学会某一项家务，许多同学失败了也不气馁，努力克服困难，一次学不会就学两次、三次……，直到学会为止，有的还成了烧菜、洗碗等的家务小能手。请欣赏八(4)班陈梓瑄同学烹饪番茄蛋汤的小视频。（播放视频）

看着陈梓瑄同学熟练地切葱花和西红柿，听着均匀的刀声，我仿佛也听到了同学们的啧啧赞叹。这样的同学，不仅会受到我们和家人的称赞，还能找到自己更多的价值和快乐，树立“我能行”的自信。像这样的家务小能手还有很多。

四(1)班钱厚成同学会蛋炒饭，四(4)班洪天宇同学会做炒鸡蛋，六(4)班鲍伊凡同学会做豌豆炒鸡蛋，一(2)班李彦辰等同学都学会了煮鸡蛋、剥鸡蛋。请看两段小视频。（播放视频）

六(4)班丁俊华同学将洗碗认领为自己天天做的家务活，分担父母的辛劳；一(1)班王昱蒙小同学煮蛋中兼顾表达孝心，超级有爱，给家庭带来了乐趣。那么我们的榜样，家长导师们、小敏校长以及老师们上周做了什么呢？请看。（播放视频）

原来巧手奶奶们、能手爸爸们都走进教室成了我们的生活导师。老师们打扫和美化了每一间办公室，3月8日还集体上了插花课程，体验了一回劳动创造美丽的快乐。同学们，劳动，是世界上一切欢乐和美好的源泉，劳动能够使人变得幸福，使我们的心灵变得开朗、和谐、心满意足。让我们在新的一周继续劳动实践，收获美好。

二、培养优秀孩子的秘诀——从生活习惯开始

小敏校长：同学们好，上周播出的“小敏校长讲习惯”引发了很多同学的行动，大家都积极投入学会自理的家务劳动中去，努力锻炼自己基本的生活能力。这让我想起咱们中国著名的教育家、思想家陶行知先生说的一句话：生活即教育。今天“小敏校长讲习惯”的主题是“培养优秀孩子的秘诀——从生活习惯开始”。

先请看。（播放视频）

张睿彤同学的小房间从凌乱不堪到井然有序，整理期间需要有全局意识、排序意识、合理性安排等跟学习力相关的思维。整理床铺时先叠大被子，再叠毛巾垫和睡衣；收拾书桌时，不同种类的物品：书、文具、讲义夹、课本等都放归到相应的位置，先整理后擦桌子等。也就是说整理房间要运用整体到部分、部分到整体的方法，收拾屋子、整理书桌等自理的活儿都是这样。看似在做家务，其实在学习。整理小房间背后的思考力和动手能力，在书本上是学不到的，这就是生活教育带来的作用。

中国有句俗话：“人是铁，饭是钢。”想生活得健康，就必须吃好喝好。下面让我们走进厨房，掌握生存的本领。请看江奕陈同学烹饪虾米蛋饼。（播放视频）

因为时间有限，很多同学的精彩视频和照片我不能一一播放。小敏校长从各班级上传的作业整理归类得出，同学们大概在厨房里做了以下事情：用电饭锅烧饭、煎饺子、择菜、烧菜、包饺子、炸肉圆、烘焙蛋糕、榨果汁、切水果、摆碗筷、剥蚕豆、扫地、洗碗等。各年级同学按照学校的劳动节目标在行动着，让老师和家长很是欣慰。

因为我们一向主张：小学是味觉系统形成的关键时期，因此生活上不能一味依赖方便食品，同时反对经常去饭店过度消费。有良好生活习惯的学生应该走进厨房，掌握生存的本领，学会健康生活。外面买来的现成饭菜偶尔吃吃也无妨，但如果长年如此，对我们的身体健康不利。一日三餐，一年算下来就是一千多顿饭。餐桌的力量是惊人的，在厨房里我们学习的内容从烹饪开始，涉及整体生活、农业和环境；在用餐时，我们吃着自己做的饭菜，边吃边交流，会发现，与物质的丰盛相比，精神上的富有和温暖才更加宝贵；关键是，我们一定要深信，只有在自家的厨房，我们才有权力为自己的健康生活做出更准确合适的选择。

良好的生活习惯还有很多内容：会洗衣服、注意着装的搭配、缝补衣服甚至自己裁剪制作衣服等。这些习惯的养成过程也是生活能力的掌握过程，是我们用身体感受人

生的经历。让我们继续努力，养成并保持生活好习惯，做个健康、沉着、自理的玉峰学子。最后让我们在姚禹行等同学的视频中结束今天的讲习惯课程。（播放视频：姚禹行《我的一天》；龚子君、史子英：《叠衣服》；黄嘉豪：《我的提拉米苏》）

三、养成坚持劳动的好习惯

小敏校长：同学们好，今天的"小敏校长讲习惯"，我又邀请了4位同学和我一起来讲。他们是四(3)班的高奕宁、二(3)班的何彦知、一(6)班的季小欣、二(1)班的董吴泽。4位同学好。同学们还记得我们本届劳动节的主题吗？

4位同学：记得，劳动最光荣，做自理、勤劳、创造的玉峰学子。

小敏校长：很好，看来同学们都记住了。时间过得很快，3月份的劳动节系列活动眼看着接近尾声，我们各年级都研发了有创意的课程：一、二年级的煮鸡蛋剥鸡蛋，三、四年级的劳动与美食，五年级的基地实践，六年级的种毕业树。这些活动都让我们体验了劳动的辛劳，收获了劳动创造所带来的快乐和智慧。这个劳动节，我们全校每个学生都领了一个作业，那就是承包家里或班级的一项劳动，并坚持做一年。今天我们就来谈"养成坚持劳动的好习惯"这个话题。

先请董吴泽同学来说说你的认识和做法。

董吴泽：这个学期开学，班主任朱晔老师任命我当第一小组的桌长，管好组员同学的吃饭。虽然觉得桌长没有班长官大，可一听有个"长"字，我就乐了。

记得刚当桌长那会儿，我以为只要拿出"管"的姿态就行，后来才发现里面的学问可大啦。比如说同学们排队讲话啦，不"光盘"啦，还有卫生问题，都要桌长认真地去管理、去解决。因为我在劳动方面在家里也是依赖奶奶的，所以打扫卫生对我来说是个大难题。

看到同学们吃剩的骨头、汤、油洒在了桌上，把桌子弄得脏兮兮的，我真的无从下手。但是想到作为桌长的责任，想到朱老师对我的信任，我拿起抹布在桌上擦呀擦，虽然弄得满手油腻，但是看到打扫过的桌子很是干净，我这个做桌长的也总算有了点成就感。等到同学们下一次在这干净的餐桌上用餐时，看着同学们吃得津津有味的样子，我是非常开心的。

小敏校长：小敏校长为董吴泽桌长点赞，为我们玉峰实验学校各班级的所有桌长点赞。大家虽然只是"围着桌子转"的小官，但每天坚持为同学服务，带来干净的用餐环境，并且感到快乐，你们是世界上最美丽的桌长。

下面我们请出一个劳动委员小干部，来听听他的管理小事。

何彦知：大家好，我是二年级(3)班的劳动委员何彦知，每天中午我都要在食堂快速"光盘"，然后回教室检查卫生，这项检查我已经坚持一年多啦！

作为劳动委员我有义务去维护班级卫生，保持班级清洁。虽然我们现在的学习很重要，但是让同学们有一个干净的学习环境，同样很重要。在检查的过程中，我会提醒同学们不能随地乱扔纸屑，不能在墙壁、桌面上乱刻乱画，书包拉链要拉好，书本、水壶要归位，黑板、地面要干净……

坚持一年多来，首先，我完成了劳动委员的任务，二年级(3)班时常有流动红旗。其次，我和同学们一起养成了保持教室清洁的好习惯。再次，通过检查卫生这件事情，我交到了很多好朋友，我的性格也因此变得开朗了，自信了。最后，我意识到了只要坚持做一件有意义的事情，就会有收获。

小敏校长：一年多来，何彦知同学在劳动委员这个岗位上，每天坚持做好班级的保洁工作，带着全班同学养成好习惯。在你身上，我看到的坚持，不只是一个词语，更是一种精神、一种态度。真好！

下面我们请一年级的小欣同学来说说她坚持做家务劳动的收获。

季小欣：每天回家我都能看到忙碌的奶奶在为我们做这做那，妈妈也是一刻停不下来的样子，我经常被她们忙碌的身影感染，也想着能帮她们做点什么。开始我只是帮忙扫地、擦桌子，我发现每次我做家务，妈妈就非常开心，所以虽然有时候我也挺想偷懒的，可是想到妈妈开心的笑容，我就继续加油干！

这个 3 月是“劳动习惯月”，我承包了家里的一项家务，那就是洗碗。在妈妈的指导下，我先把碗冲干净，然后泡在水里放点洗洁精，里里外外，不放过任何一点污迹一个一个地刷，最后再把它们挨个冲干净。洗干净的碗会发光，像是一张张笑脸，一张张对我的劳动成果满意的笑脸。妈妈夸我刷碗有天赋，我就坚持了一个月！因为每天都是我刷碗，妈妈就能早早结束一天的劳动，所以就有时间每天奖励我一个故事。这时候，听妈妈讲故事的感觉更甜蜜了。

小敏校长：小欣同学在天天刷碗的家务劳动中感受到了生活的甜蜜。人的幸福呀就存在于生活之中，生活存在于劳动之中。

最后我们请四(3)班的高奕宁同学也来讲讲自己坚持做家务小事的感受。

高奕宁：大家好！每天晚上，一家人吃完晚饭，放下碗筷，我就开始忙碌起来。擦桌子、拖地是我每晚必须完成的两项家庭劳动任务，这两项劳动任务和我的家庭作业、弹琴、阅读一样，被我列入了每天必须完成的“重要任务栏”里。

通过这一个月的坚持和努力，我擦桌子、拖地这两项技能掌握得越来越好。我知道热抹布擦桌子可以擦得更干净，还知道拖地之前必须把地先扫一遍，还要把拖把里的水拧拧干。我认为家庭劳动是我们小学生必须参与的事情，它可以让我们多了解生活常识，提高解决问题的能力，也可以帮家人分担责任。妈妈经常跟我说：“一屋不扫，何以扫天下？”我非常认同，只有把小事做好了，以后才能做大事。

小敏校长：高奕宁同学的“一屋不扫，何以扫天下”给我们深刻解读了坚持劳动的意义。在我们玉峰实验学校，能坚持劳动、坚持锻炼的同学还有很多，只是因为好习惯课程时间的有限性，不能一一展示。

比如：在上周末刚刚结束的 2019 灵动杯全国青少年壁球精英赛中，六(7)班的王苓霏以及辛尚轩同学获得冠军，胡庭辉获得第五名。其中王苓霏同学就是个坚持运动的榜样。她从一年级开始一直坚持打壁球，代表玉峰、昆山取得了许许多多的荣誉。另外，本周四、周五是我们昆山市中小学生春季田径运动会，坚持训练了一年的田径队运动员们将参加比赛，他们是：六(1)班王允浩，六(2)班沈乐瑶、高鼎焱，五(2)班景彦熙，五(4)班唐钰承，五(5)班孙梓宸。借今天的“小敏校长讲习惯”时间，让我们一起为他们加油，预祝赛出好成绩。

第四节　年级实践课程

五月的阳光格外灿烂，五月的鲜花开遍了大地，五月更有一个了不起的节日——国际劳动节。劳动创造了人类文明，劳动创造了宝贵财富！从小培养爱劳动的好习惯，对孩子们来说是终身受益的。

盆栽课程可以说取材方便，操作性强，切合小孩子的年龄特点，既能激发孩子们的劳动兴趣，给他们提供丰富多彩的课余生活，让他们能亲近生命的成长过程，又能锻炼孩子们的动手能力，培养他们做事的细心、耐心、恒心，有一颗爱心等等。

一、活动主题

劳动与种植。

二、活动目标

1. 劳动知识与技能

能认识并说出一些蔬菜、盆景等的名字；学习一些简单的种植方法、栽培技巧；亲自种养植物，参与管理，了解一些植物的生长情况；能制作一些简单的与瓜果蔬菜有关的作品。

2. 科学探究方法

观察植物的生长过程；思考并提出源自实践活动的问题；愿意与同伴合作交流，分享自己的想法；能向有经验的人请教，会从书中、网上查找问题的答案。

3. 实践体验与感悟

亲历种植蔬菜、小盆景等活动，体验劳动带来的喜悦感和成就感；体会劳动人民的艰辛，感恩社会大众的劳动，珍惜和分享劳动果实；感悟大自然的奇妙，理解人与自然和谐相处、人是地球成员之一等观点。

三、活动适用年级

二年级。

四、活动内容

1. 农场真漂亮——吹响号角

(1) 组织学生参观农场,感受农场的生机勃勃。

(2) 聆听农场技术人员的报告,了解一些种植蔬菜、水果的知识。

(2) 从农场带回蔬菜或水果的秧苗种植。

2. 盆栽我能行——快乐实践

(1) 分组在盆中种植蔬菜或水果等。

①翻泥、整盆、施肥、种植;

②成立“护绿小组”,对盆栽进行管理;

③围绕种植的蔬菜等进行研究,了解植物基本的生长情况及栽培方法;

④设计观察记录表,坚持观察并记录植物生长的情况;

⑤用发现美的眼睛,通过独特的视角记录植物的生长过程(拍照摄影)。

(2) 人人养一盆绿化小盆景。

①自己种植或者购买一盆小盆景,放置于教室靠南的“植物园”中;

②人人自己负责对盆景进行日常的管理;

③花草名片:查找自己护理的植物的资料,用创造性的办法做成植物的个性名片;

④比一比谁的小盆景呵护得最好。

3. 瓜果大比拼——大显身手

(1) 集体去农场采摘瓜果蔬菜。

①各班将学生进行分组,成立劳动小组,选好组长;

②二年级全体学生乘大巴去农场;

③学生在农场分组帮助农场主采摘瓜果蔬菜;

④将农场的劳动体会记录下来(写话或绘画等)。

(2) 制作水果拼盘、蔬菜沙拉。

①分成若干个合作小组;

②将农场带回的或者自己家里带来的瓜果蔬菜制作成水果拼盘、蔬菜沙拉;

③评一评:“最佳作品奖”“最佳创意奖”“最佳合作奖”等各若干名。

(3) 制作瓜果工艺品。

①在父母的帮助下,利用瓜果制作小工艺品;

②瓜果工艺品展示;

③评出“优秀工艺品”若干。

4. 劳动真不错——成果分享

(1) 各班在相应的展板上展示本次主题活动中学生活动表现的精彩照片。

(2) 各班在相应的展板上展示本次主题活动中学生劳作的优秀作品。

（3）各班总结本次主题活动的收获，畅谈活动体会心得。

第五节　班级活动课程

一、活动主题

今天我值日。

二、活动目标

通过活动使学生懂得认真值日是爱劳动的表现，增强学生劳动的观念，引导学生掌握劳动的方法和技能，当好值日生；教育学生对班集体尽职尽责，创建良好的班集体，营造活泼向上的班级氛围。

三、活动适用年级

一年级。

四、活动过程

第一环节：我想值日——认识值日的重要性

1．歌曲（《劳动最光荣》）激趣，引入主题

师：最近，老师有个小小的烦恼，劳动委员经常告诉我，班上的值日生有时候不做值日就走了，还有的做值日的时候马马虎虎总扫不干净。

师：这可把老师难住了，今天我们就通过这节班会课一起来解决这个难题好吗？（学生：好）

师：今天我们班的好习惯养成活动课程是——“今天我值日”。

2．创设情境，焕发意识

师：小朋友，你们喜欢喜羊羊吗？告诉你们一件事，喜羊羊想来我们班上课，并和大家交朋友，可是他来了又走了，为什么呢？去问问他吧。

（出示喜羊羊图片。边展示几张图片，边描述：地面不干净啊；桌子有点歪哦；本子也放得东倒西歪；放学了，黑板没有擦干净；讲台上……）

师：同学们，为什么他不喜欢在这里上课？你们来说一说。（生：因为教室不整洁）

师：所以喜羊羊生气地走了，你们愿意他走吗？（生：不愿意）那就让我们一起想办法留住喜羊羊吧！怎么办呢？

（出示大字幕：我要做好值日生，生齐念）

（设计意图：从一年级学生的年龄特征、心理特点来看，他们很想在集体里面找到自己的位置，很希望被别人认同，他们好表现，积极向上。值日是一年级儿童已有的生活经验，但为什么要值日，值日对他们的生活有何重要意义，这一问题在孩子的脑海中却没有很真切的感受。喜羊羊的离开让他们很难过，很着急，明白了值日的重要，唤起了他们要做好值日的意识）

第二环节：我学值日——懂得值日的方法

1. 回顾值日内容

学生交流后出示《值日歌》。

值日歌

值日劳动开始了，大显身手我能行。
下课了，上讲台，擦好黑板擦讲台。
理本子，轻拿放，一本一本挨好个。
吃过饭，放好学，地面纸屑扫光光。
扫好地，排桌子，横里竖里一直线。
教室里，多干净，做好值日真光荣。

指名读；小组读；齐读。

（设计意图：为什么要在这里反复地读？我觉得在学生知道怎么学之前，首先要明确学什么。通过反复朗读，让他们把值日的内容牢牢记心上，知道自己的职责）

2. 分组学习值日方法

把学生分成4组：擦擦组、扫扫组、排排组、理理组。

(1) 师：小朋友说说看，擦应该在什么时候，应该怎么样擦呢？

小组讨论交流。

放背景音乐，两学生表演唱歌曲《擦黑板》《擦台面》。

擦黑板

我擦我擦我擦黑板 。
左手儿，捂鼻子，右手紧握黑板刷。
左边擦，右边擦，左右来回三两下。
下边擦，上边擦，踮脚跳跳好办法，好办法。

擦台面

我擦我擦我擦台面。
小小手，抓抹布，先把台面擦一遍。
看污斑，不肯走，双手合力使劲赶。
哎哟哟，哎哟哟，台面露出大白脸，大白脸。

第二遍全班跟着表演。

(2) 师：擦擦组的收获真大，扫扫组的小朋友也要展示一下呢。

观看小品《今天我值日》。（大意：放学了，小明在做值日，家长等不及，就帮着扫地，小明不答应，说自己能扫。家长无奈就教小明扫地的基本方法。过后小明和其他几位小朋友齐心合力一起扫地，嘴里还念着刚才家长教的口令：一二三，一上一下握扫把。二二三，从前往后慢慢扫。三二三，垃圾扫成小堆儿。四二三，拿着簸箕铲垃圾）

师：看明白怎么扫地了吗？

请一学生当场扫一扫。

（设计意图：一味地教小朋友扫地显得单调，没有情趣。通过小品的形式，主要是有家长的参与，让孩子在趣味中无形地学会了扫地的本领，参与更积极了，我们的指导也有效了）

（3）师：看，我们排排组的小朋友等不及了，也想上前露一手呢。现在活动也进行了一段时间，桌椅有点歪了，我们先来一个现场小竞赛吧，看看谁能在规定的时间里，把桌椅排得最整齐。

分3组比赛。

请小评委来点评，说出排桌椅的要领。最后看短时间内谁排得最整齐谁就获胜。

（4）师：排排组的小朋友表现不错，我们理理组的小朋友快坐不住了。不急，让我们来听一个童话故事。

两学生表演讲童话故事。

有一天，图书哥哥和本子妹妹都去主人家拜访，在路上他们遇到了。本子妹妹先开口："图书哥哥，好久不见了，你最近神清气爽，精神得很哪！有什么秘诀吗？"图书哥哥高兴地说："哈哈，那还不是要感谢我的主人，他现在可爱惜我呢，把我轻轻地拿起，轻轻地放下，我身上有灰尘，他就轻轻地吹一吹，我还能经常和我的好朋友见面，我们紧紧地坐在一起，整整齐齐，像一排威武的士兵，可神气呢！""哦，怪不得啊，你瞧，我也比以前漂亮了呢，小主人很讲卫生，我们本子家族越来越干净了，一旦发现谁身上有卷角，他就会细心地展平，再把我们叠得整整齐齐，现在，我们都很感激小主人。今天，我就是来感谢他的。"图书哥哥连忙说："真巧啊，我也是来谢谢他的。走，我们快点去吧。"

师：小朋友，故事讲完了，你现在知道怎样来理一理了吗？

指名当场理一理。

师过渡：同学们真能干，谢谢大家把自己的经验与其他同学分享。我们用掌声感谢值日生们的辛勤付出。

3. 儿歌小结值日方法

师：看来做好值日生并不难，关键是我们要用心去对待。刚才同学们说了这么多好办法，喜羊羊听了高兴极了，他还送给我们一个做值日的绝招呢——做好值日的口诀：

值日生，顶呱呱，教室卫生我当家。
值日分工要仔细，桌椅齐，再扫地。
从后往前要牢记，黑板窗台擦干净。
最后别忘倒垃圾，关好电灯和门窗。

高高兴兴回家去，老师同学都放心。

值日工作我能行，我能行。

（设计意图：从现实调查来看，当前一个孩子都是四个老人围着转，在家没有劳动的机会，也缺乏劳动的技能和方法。要创建一个良好的班集体，仅靠老师或几个学生的力量是不够的，要发挥每个学生的作用，体现他们的主人翁意识，一起来净化、美化班集体。以上第二环节“我学值日”主要是通过不同的形式和活动，从方法上让学生掌握值日的一些技能技巧，以学得快的带动学得慢的，让每一个学生都能有学习的机会，掌握真正的值日方法）

第三环节：我能做值日——争做值日能手

1. 辨别是非

师：小朋友学得真用心啊。小朋友，你作为一个值日生，在以下的情况下，会怎么表现呢？请看——（出示图文）

（1）小明为了要擦窗框，爬到了窗台上。

（2）小刚擦完桌子，说：“强强，咱俩倒脏水去。”强强说：“我是排桌椅的，我不去。”小兰跑过来说：“我去。”

（3）今天东东当值日生，中午他认真扫地了，但下午一放学他就回家了。

（4）小红身体不舒服呕吐了，值日生都躲得远远的。

（5）小兰今天有事没来上学，她的值日岗位大家争着做。

学生交流是非，说明理由。

（设计意图：第三环节“我能做值日”，已经从方法上升到了情感和责任，还有安全问题。让每一个学生都明白劳动能手不但是要坚持每天做好自己的值日工作，还要互相合作，关注安全。以这样的方式人人都争当值日小能手，那么一个干净整洁的班集体就不会是句空话了）

2. 评值日能手

师：虽然我们的值日工作还不是很理想，但老师发现我们已有一部分小朋友是做得很不错的，他们已经是值日小能手了，让我们来借此机会评一评。

出示评分标准，小组里推荐两三名值日小能手。

颁发“值日能手奖”。

3. 重组值日表

师：值日工作不是靠一两个人就能做好的，要靠大家齐心协力才行，看，这是我们以前的值日表（出示），现在，老师觉得要改一改，让我们的小能手发挥作用，来做组长，带领我们不会的小朋友一起做好每天的值日工作。

出示新值日表，张贴于墙面。

4. 活动总结

（1）喜羊羊回来了。

师：你们看这是谁？（演示：喜羊羊回来了！）老师告诉大家一个好消息，喜羊羊将和同学们一起在接下来的几个星期里争夺"值日能手奖"大徽章，你们有没有信心啊？

（2）齐唱儿歌《劳动最光荣》。

师：通过这次班会活动，同学们知道了做值日的重要、做值日的方法，还有在值日中要和同学团结合作，这样才能把值日做好！我们都是班级的小主人，认真做值日不仅可以使教室干净、整洁，同学们心情舒畅，而且还是爱集体、爱劳动的表现，是非常光荣的。对不对？

好，全体起立。我们一(1)班好习惯养成班级活动课程"今天我值日"到此结束。

五、活动反思

本节课，我们一起学习和讨论，明白了做好值日生的意义，也学会了值日的方法。相信同学们在今后的值日生工作中一定能够做得更好，我们生活在干净、整洁的教室，一定会更加愉快。

第七章　家长眼中的好习惯学校

“5 个好习惯培养优秀学生”项目，不仅仅在我任职的学校得到实践让学生受益，在昆山市小学思品名师工作室成员所在的 19 所学校，以及苏州市名师共同体小学思品学科名师们所在的 32 所学校也得到推广和运用。因篇幅有限，在此只选了 3 所学校介绍他们的做法。

第一节　“光盘”好学校：昆山市新镇小学

毫不夸张地说，每天的午餐时间，曾是我们新镇小学的孩子们最为“自由”的时光：有的学生三下五除二就把午餐搞定，然后飞奔着离开食堂去玩耍了；有的学生看见同伴走了，赶快倒掉饭菜，紧跟其后；还有的学生与“左邻右舍”边吃边聊，最后饭菜一半倒进了剩饭剩菜桶……。看着那一桶桶满满当当的剩菜剩饭，所有的老师和食堂工作人员都摇头叹息。不得不承认，班主任们苦口婆心的劝说教育对学生们来说收效甚微。

“历览前贤国与家，成由勤俭败由奢。”然而，据有关调查报告显示，小学生中的奢侈浪费现象正日益严重，这从我校的孩子们毫无顾忌地浪费粮食的行为可见一斑。

“好习惯成就好人生”是我校的办学理念，学生时代是一个人养成好习惯的关键时期。因此，我们想通过“光盘行动”来培养孩子们珍惜粮食的意识，从小养成勤俭节约的好习惯。

一、践行“光盘”的主因

孩子们浪费粮食的现象为何会如此严重呢？通过调查，我们得到了以下这些原因：

1. 由于社会生活的城市化，很多学生认识不到粮食的来之不易，没有意识到浪费粮食是可耻的行为。

2. 由于生活条件的日益提高，很多学生养成了挑食的坏习惯。

3. 由于学校的管理不力，很多学生吃饭时边吃边讲话，最后饭菜凉掉了或时间不够了，就一倒了之。

4. 有的学生十分贪玩，看到别的同学用餐完毕可以去玩耍了，就没有心思好好吃饭，在没有严格约束的情况下就会选择倒掉饭菜去玩耍。

5. 部分学生认为学校食堂的饭菜没有家里的好吃，所以吃不下食堂的饭菜。

6. 部分学生每天都带好零食或零钱，倒掉饭菜后“有备无患”。

二、践行“光盘”的过程

本学期的4月份，我们以4大活动板块（主题阅读、主题实践、主题展示、主题反思）为载体，开展了“‘光盘’我能行　养成好习惯”的规则月教育系列活动。

（一）动员教育

1. 积极宣传

我们利用电子屏幕、宣传栏等，呈现活动口号和宣传标语——“‘光盘’我能行　养成好习惯”“谁知盘中餐，粒粒皆辛苦”“一粥一饭当思来之不易”等；还利用学校红领巾电视台、班主任例会、全校教职工大会等向全校师生发出“光盘”倡议，宣传“光盘”的重要意义。

2. 制定要领

我校德育处通过集思广益制定出了“新镇小学‘光盘行动’训练要点”。“吃好饭”训练要点包括这4个方面：排队静，餐时静，用餐净，餐后净。具体要求如下：

（1）排队静。各班班长整好队，由班主任老师带领队伍安静、整齐、有序地进入餐厅。排队过程中做到不讲话、不推搡、不打闹。全班用餐结束，班长整好队，由班主任老师静静带离餐厅，回教室。

（2）餐时静。领菜时在窗口排好队，由班主任指挥学生，要求学生双手端盘拿稳，领完餐后有序回自己的座位。用餐时不讲话，有问题举手向老师提出。用餐结束，坐在自己座位上安静等候，待全班全部用完餐方可整队离开。

（3）用餐净。吃饭要细嚼慢咽，不挑食、不偏食，做到尽量吃完盘中的食物，不将鱼刺骨头、米粒、残渣等弄到桌上或地上。抓紧用餐，不拖拉，按时完成。

（4）餐后净。用餐完毕，自觉地将餐具放在指定位置并摆放整齐。将凳子轻轻挂好，保持桌面、地面整洁，做好卫生工作。不可以嘴里含着饭菜，甚至手里拿着吃的走出食堂。

3. 社会延伸

校长将每月一信《关于“‘光盘’我能行”的习惯养成教育》发到家长手里，内容主要包括“光盘行动”习惯养成教育的深远意义、家校团结协作的重要作用以及新镇小学“光盘行动”的具体要求。

（二）阅读明理，训练和评价

1. 主题阅读引人入胜

各年级各班级结合学生的年龄特点等选择学生们喜闻乐见的主题阅读材料——有关践行“光盘”的诗歌、名人故事、童话故事等；利用晨会课重点学习《新镇小学“光盘”行动训练要点》等，强调“光盘行动”的具体要求；利用晨会课、班会课和午间阅读课开展诵读活动——将学生日日接触的“光盘”要求等编成朗朗上口、浅显易懂的儿歌，做成直观形象的 PPT，多元诵读学习，让学生真切地感受节约与习惯对人一生的重要性。

2. 常规训练如火如荼

各班利用每天的午餐时间段对学生的行为进行严格的常规训练，要求学生能牢记并严格遵守“光盘行动”相关的规则要求。

3. 每日评价公正公开

各班每天根据每位学生的午餐表现实事求是填写好《新镇小学“‘光盘’我能行　养成好习惯”考评记录表》，强化学生的“光盘”意识，提高学生的“光盘”能力。在班主任例会上，班主任们都反映，有了这张考评记录表，每天考评“合格”或“待合格”时，常常采用的是小队长评价队员和学生们之间相互评价的方式，班主任操作起来还是比较轻松的，这样就形成了“光盘”人人管的局面，对学生“光盘”习惯的培养有很大的促进作用。

（三）寓教育于活动中

1. 活动内容丰富多彩

低年级举行了唱“光盘”童谣儿歌比赛。如学生创作的“珍惜粮食，从小做起。适量加餐，杜绝浪费。”“外出吃饭，剩菜打包。文明用餐，理性消费。”等，朗朗上口，在走向食堂的路上，边唱边走，用餐时“光盘”也不成问题。

中年级积极参加“光盘”手抄报比赛；高年级举行了“光盘”主题班会课比赛；等等。

2. 班级布置氛围浓郁

各班用心营造出整洁清新、充满美感、内容生动的“‘光盘’我能行　养成好习惯”的班级文化氛围，让一面面墙壁“说话”，使班级文化环境成为孩子们获取“光盘”知识、树立“光盘”意识、表现“光盘”才能的天地。

3. 家长积极配合活动

这次活动，我们也请来了家长们积极配合参与，例如低年级通过制作“‘光盘’习惯训练积星卡”的形式，让家长和老师合作开展教育活动；我们还搞了几次午餐开放日活动，特地邀请各班中一些“‘光盘’落后分子”的家长来校参观孩子们的午餐情况……。通过这样的形式，让家校齐抓共管孩子们的“光盘”表现，增强了教育的效果。

三、践行“光盘”的收获

本月的一系列教育活动中，我们要求班主任统计好这张《新镇小学“‘光盘’我能行　养成好习惯”行为习惯养成情况调查表》，通过统计，得到了以下这些数据：

新镇小学“‘光盘’我能行　养成好习惯”行为习惯养成情况调查表

班级 29 个　　全校学生总数 1432 人

调查时间	原来(大约)	一周后	一月后
“光盘”人数	973 人	1205 人	1375 人
“光盘”占比	67.9%	84.1%	96.0%

不论是分析这张调查表中的数据，还是日常观察我校学生“光盘”行动方面的表现，我们都倍感欣慰。虽然还没有达到100％的学生做到“光盘”，但是我们真实地看到学生们在这一个月中，“光盘”方面的表现在不断地进步着，他们节约粮食的意识增强了，践行“光盘”的能力提高了，“‘光盘’我能行”的好习惯正逐步形成。

四、践行“光盘”的反思

全体班主任和一些任课老师，对于此次活动的参与热情都非常高涨，很多老师都说：“学生的行为习惯培养好了，也有助于提高学习成绩，认为这事磨刀不误砍柴工”；很多正副班主任在活动中不断地实践—反思—调整—再实践，得出了不少管理学生养成“光盘”习惯的好办法。

“‘光盘’我能行　养成好习惯”的规则月活动内容是丰富的，活动要求是严格的。由于要求人人“光盘”，每天的午餐对少数学生来说可能就像做数学难题一样难以应对。在活动的第二个星期，三年级居然有一位男同学为了逃避“光盘”，回家吃饭了。这种情况该怎么办呢？我们刚搬进新学校不久，我们腰娄完小校的学生也是那时候才来到这个学校的，之前他们在完小校的学习生活可能比较松散，来到这儿，他们会不会觉得中心校午餐进餐方面的要求太高了，会不会感到在这里学习很压抑？

行为习惯的养成是一个长久的过程，也许需要一生来完成，它所带来的效果也会影响一个人一生的各个阶段。好习惯的养成只有起点没有终点，我们会以我校的“‘光盘’我能行 养成好习惯”教育活动为契机，常抓不懈，让约束转化成习惯，让规则转化成素养。我们会在不断总结的基础上，创造性地开展工作，使每个学生都能养成良好的行为习惯，这是我们教育的动力，也是我们最终的目标。

第二节　躬耕劳动教育的生命地：信义小学

信义小学隶属于昆山市玉峰实验学校教育集团，是昆山巴城一所乡村小学，两千多名学生中88.6％是属于外市及外省户口，大多数的家长从事社会各行各业的技术工种，都是劳动能手。木匠、水电工、泥瓦工、磨具修理工、快递包装工、厨师、烘焙师傅、婴儿保健师……，这些都是丰富的劳动教育资源。学校创新性地开启了“学校＋家庭”“学校＋社区”“学校＋社会”的“学校＋”劳动教育模式，每学期的清洗课桌椅仪式、各种生活技能秀等多项劳动教育实践活动，让这个简陋的校园闪耀着不简单的教育光芒。

同时，学校的大部分家长来自农村，他们对于田野、农具和农活并不陌生，说起农活，他们个个都是行家里手，他们亲近土地，热爱自然。近年来，学校组织师生、带动家庭，参与到农耕劳动中来，他们亲自播种和收获，伴着光阴和种子一起慢慢地成长，诗意地栖息在大地上，这也成了学校师生的一种教育生活方式。而在这种教育模式之下的学生良好习惯的养成，也犹如阳光雨露下茁壮成长的幼苗一样水到渠成了。

一、建构劳动教育促进习惯养成的课程内容

习近平总书记在谈到立德树人时，强调“养小德以成大德”，少年儿童要“从小做起……养成好思想、好品德”。2018年9月10日，习近平总书记在全国教育大会上发表讲话，谈到了育人目标，强调“培养德智体美劳全面发展的社会主义建设者和接班人”。

因此，信义小学整合学科与劳动、课堂与课外、学校与家庭，形成田园浸育、家校共育、环境美育的协同育人模式，联通物理空间、丰富学习方式、创新田园育人空间，整体改造学习生态，逐步形成可复制、可推广的劳动育人模式，使学生能够在此育人模式之下，在劳动中形成好学思辨、独立自理、团结互助、勤劳节俭、友善乐观等良好的品德习惯。

1. 农具大观园

城市化进程加速的今天，孩子们久居高楼，缺少亲近自然的机会，动手实践的能力较弱，中华民族传统的劳动美德在当代学生中没有很好地体现。信义小学以“走进传统农具，感悟水乡文化”为主题，开展了“农具大观园”的活动。学校定期组织学生参观大唐生态园，通过观察、触摸、使用，让孩子们认识种植工具，学会使用简单的种植工具，不仅使孩子们对水乡的历史文化有了更深刻的认知，也润泽了学生良好劳动习惯这片干涸的土地。

2. 种子书院

学校设计了贯穿一粒米的成长历程的“种子课程”，通过“种子书院”，让五年级154名学生陪伴一株水稻走过155天的生命历程，浸种、育秧、插秧、田间管理、收割、碾米、做成食物，每个重要的节点都有相应的课程设计。在这个过程中，学生们受到了劳动的锻炼和艰苦奋斗的教育，更养成了勤俭节约的良好品德习惯。通过农耕实践，学生们了解了农业生产的状况和农业生产的基本操作，更理解了“一粥一饭，当思来之不易”的道理。

3. 叶子学院

除了让孩子们通过动手与大自然同呼吸共生长，学校也力求唤醒孩子们内心深处的文化情感，让孩子们浸润在充满自然气息的艺术氛围中。通过寻访四季之叶，咏颂四季之美，探寻那些潜藏在叶间的小精灵的灵动之美和人文气息。在活动中促进学生探究学习的好习惯，学生亲近自然，也就更乐意去研究自然。

4. 花卉世界

在引导孩子下田耕种劳动，唤起人文素养的同时，学校也带领学生一起进行动手能力的修行。鼓励学生发挥自己的想象，在花卉世界中绽放光华。亲手栽种薰衣草等花卉，学习插花，制作干花标本和香包，熬制桂花酱、制作菊花糕，用劳动栽种美好，用劳动留下美好，用劳动烹制美味。在劳动中，学生自理独立、勤劳创造的劳动习惯也就自然

而然地得到了培养和锻炼。

5. **果蔬课堂**

通过果蔬课堂，学生学会依据不同的果蔬以及果蔬形状、颜色等，运用插接和切挖的方法，进行有趣的组合；灵活运用雕刻手法，对果蔬的根、茎、果进行艺术加工，得到艺术的享受。创新研究的学习习惯就此慢慢渗透到学生的学习生活中去了。

6. **营养工坊**

学校牵手杜克大学营养学专家，通过科学小课堂，让学生发散思维去探讨豌豆的弹射特性和变色奇性，感受一粒小小豌豆竟然会有这么奇妙的地方。通过营养烹饪课堂，让孩子们亲手烤豌豆，制作彩色饭团、蔬菜沙拉，传达了科学的营养知识，树立了健康生活的理念，从而在学生的生活中渗透良好的健康习惯。

二、开发劳动教育促进习惯养成的课程模式

学校以习近平总书记提出的“五育并举”的教育体系为出发点，于 2014 年初，研发了“半塘田园”课程体系，以班级农场、农耕社团、亲子菜园、家庭田园的劳动模式开展实践活动，从而促进学生良好习惯的养成。

1. **班级农场乐育模式**

以整班每周一次的“耕读课程”，安排悦丰岛的农学专家进校指导，与教师一同带领学生播种和收获。在班级农场中孩子们观察种子发芽、长大、缠藤、挂果、成熟、凋零，认识到这些都是大自然课堂的奇妙课程。从小小的种子破土而出，到小苗一天天长大，植物顽强生长的生命力，诱发和唤醒了孩子们的情感体验，让他们体会到了生命的意义，从而培养了乐观向上的美好品德。

2. **农耕社团合作模式**

学校依托校内外社团活动，优化田园活动的实施。社团模式突破了原来以班级为单位的组织形式，让不同年级灵活组合，给孩子们创造了与其他年龄段同学共同学习的机会。立足于生活教育的理念，从体验和应用的角度出发，开创了美食社团、朗诵社团、艺术社团等多项社团活动体系。在社团活动中，促进学生间的合作与交流，为学生养成合作互助、团结友善的品德习惯提供沃土。

3. **亲子菜园自理模式**

学校的“一粒米亲子菜园”通过家庭自主竞标，获得菜地种植权，让亲子陪伴达到最佳的效果。家长们和孩子亲自播种和收获，观察大自然的一草一木、一花一石，重建了对自然的认识，感受了自然的魅力，通过亲子活动拉近了家长与孩子之间的距离，让家庭氛围更为融洽和谐，实现了学生和家长二者自我的完善。在亲子交流与劳作中，孩子们能够逐步建立起勤劳自理的好习惯。

4. **家庭田园探究模式**

孩子们卷起袖子、拿起工具，在爸爸妈妈的协助下，开辟出自己的“家庭田园”，开始

了一段奇妙的种植之旅。一边种植，一边观察，孩子们在种植的过程中不断开阔自己的眼界，探索着自然的秘密。孩子们用日记、绘画的形式展现自己的观察记录，丰富多彩、引人入胜。在这段旅程中，孩子们好学思辨、探究创新的习惯得到了长足的发展。

以"水稻课程"为例，以下展示我校劳动教育下的习惯养成模式成果：

海淀教育科学研究院院长吴颖慧女士说，开展劳动教育需要从以下3个方面着手：① 从服务对象出发；② 从学生身心出发；③ 从问题出发。我校作为一所乡村小学，随着学校生源的剧增，学生的用餐浪费现象越来越明显，常常看到不少孩子吃几口饭就直接倒掉，完全不觉得"粒粒皆辛苦"，这与他们脱离劳动实践有很大的关系。针对这种现象，我们设计了贯穿一粒米成长历程的"水稻课程"，让五年级154名学生陪伴一株水稻走过155天的生命历程，浸种、育秧、插秧、田间管理、收割、碾米、做成食物，每个重要的节点都有相应的课程设计。

5月21日，小满落谷，找寻未来。

孩子们阅读绘本《盘中餐》，认识农具；观看了台湾纪录片《谷子、谷子》，了解水稻浸种知识后，劳动的意识慢慢传递到每个孩子的心头。在农场师傅为孩子们讲解、演示水稻的浸种后，重头戏落谷就来了——稻谷在孩子们的手中翻飞，落入土地，到达生根发芽的所在。落谷，不只让孩子们见证了水稻生命的开始，看到一粒谷子的萌芽，寻找未来的意义，同时也将劳动习惯播撒到孩子们的心间。

6月21日，夏至莳秧，播种希望。

秧田是最好的游乐场，泥巴是孩子们最爱的玩具。6月，在稻作体验田里，农场师傅和老师正带领孩子们和泥土亲密接触。孩子们分工合作，弯下腰来，蜻蜓点水，满绿成行。莳秧是力气活，更是技术活，需要眼明手快，注重两只手的配合。别以为莳秧很简单，横竖一条线，拔秧要小心，退步即向前……，每一步都蕴含着无尽的农人智慧，值得每个人学习。莳秧是劳作，更是一个和土地连接的仪式。夏至莳秧，孩子们细嫩的双手不只莳下秧苗，也将希望播在自己的心头。

9月7日，白露观稻，开启探索。

白露节气，秋高气爽，稻子们开始进入了扬花、灌浆期。孩子们来到悦丰岛的青澄空间，进行了作为全年水稻课程重要组成的自然观察课程。孩子们接到了一张"田间小侦探"的任务书，要求孩子们了解水稻及稻田与其他生物的生态关系，并学习田间管理，认识杂草与昆虫。经过引导，孩子们奔走田间，用不同的方式探索，摸、看、闻、尝，全身心都投入其中。户外观察阶段结束，小组分享了自己的探索经历，孩子们的童真、好奇心、创造力让人感动，他们良好的学习习惯也得到了锻炼和发展。

11月7日，立冬开镰，致敬生命。

经过了白露、寒露时节雾气的浸润，站在田头放眼望去，连片的水稻与天相接，微风吹拂，阵阵凉爽袭来，稻浪滚滚，沉甸甸的稻穗被风吹得弯下了腰。寒露时节，孩子们挥舞起镰刀，收获了自己亲手种植的水稻，学校师生举办了稻田音乐会和田野运动会，共庆丰收。经过大半年的劳作时光，学生们真正体会到了粮食的来之不易，勤劳节俭的品德习惯就在孩子们的心田生根发芽了。

11月22日，小雪碾米，学会感恩。

数九寒冬，天气变冷，水稻课程迎来了收尾一课——参观巴城米厂，了解碾米过程，包括烘干待处理、脱壳成为糙米、二次处理成为白米、剔除坏米、装袋运输等一系列的流程，亲身观看的学生们受益匪浅，“一粥一饭，当思来之不易”的道理就此深深地镌刻在他们心头。

孩子们还走进了“慢食厨房”，品尝了健康、地道的风味小吃，同时体验了石臼、竹杵、石磨、捣臼加工食物的过程，感受了亲手制作食物的乐趣。

三、明晰劳动教育促进习惯养成的实施意义

通过身体力行，孩子们认识作物、观察生态，参与农作物生产的过程，自然懂得“一粥一饭，当思来之不易”的真谛。孩子们通过自然的体验之旅，感知四时变化，回归大地，更是一场修行，在劳动与合作中，挖掘自身的潜力，完善自我与他人的关系，培养积极向上的良好习惯。

1. 以劳树德——德的滋养，品质渗透

孩子们动手育秧，弯腰插秧，除虫拔草，亲自收割，这才收获了一粒粒米。劳动所带来的酣畅淋漓的汗水将永远留存在他们的记忆中，而藏在“一粥一饭”里的深情也成为他们珍惜粮食、学会感恩的情感积淀。这样的亲身参与远比师长的不断劝说来得有效，品德教育就如春风化雨般进行着。品德教育在每一次的劳作中滋养心灵，而专注、持久的良好习惯在不知不觉中就渗透到了每个孩子的生命之中。

2. 以劳健体——体的塑造，身心舒展

习近平总书记说：“一勤天下无难事。”幸福是奋斗出来的。因为劳动，人类社会才不断进步发展。体育就是在劳动的过程中产生的，劳动不能代替体育锻炼，但是劳动可以锻炼人的身心。在从育秧到收割的过程中，孩子们增强了体质，释放了精神的压力，舒展了身心，个性在融洽的氛围中获得健康、和谐的发展。

3. 以劳育美——美的流淌，自我完成

孩子们零距离地接触自然，欣赏四季更迭的景色，去观察大自然的一草一木、一花一石，记录大自然的万千变化的瞬间。他们用充满智慧的眼睛，感受着世界的新奇与美丽。一幅幅逼真清新的画作，一件件创意十足的摆件就是他们的自然笔记。在这一过程中，孩子们的审美习惯得到了极大的发展，鉴赏美、崇尚美的意识得以激发。

天地之下无所不美，在自然之中，你能发现自己的存在，就跟花的存在一样，有别人不可取代的特殊性。在自然的协助与启迪下，让每个人完成自我，是劳动教育促进良好习惯养成所期待的目标。

4. 以劳创新——思的凝练，尊重回归

法国思想家卢梭说，教育的核心就是归于自然——回归"自然状态"。劳动教育带来的不只是植物生长与收获的喜悦，经历芽叶根茎的生长过程，孩子们还能敏锐地感受到生命的丰富与多样性，他们会在植物的生生不息中体悟生命的环环相扣、紧紧相依。自然课程以其生命的完整性，开拓我校师生的思维，师生的潜能得到无限的激发。在劳动教育之下，体悟生命的美好真谛，良好习惯的树立也就更加易于实现了。

好习惯的养成是一个长期且漫长的过程，甚至在一定时间内是无法看到成效的。要想在这样一个漫长的教育阶段，让习惯养成教育行之有效，就需要一个切实可行的教育手段和方法。信义小学依托劳动教育，将无形的品德习惯渗透到有形的劳动中去，将抽象的品格提升借助于孩子们喜闻乐见的自然资源来实现，让孩子们在田地与植物中去找寻美好品质的投影，转化为自身的营养，滋养一方心田。

第三节　"教育就是养成好习惯"：三中心小学

习惯是经过反复练习而形成的较为稳定的行为特征。习惯是一种顽强而又强大的力量，它可以主宰人生。人一旦养成一个习惯，就会自觉地在这个轨道上运行。良好习惯对人一生的作用是至关重要的，好习惯常常让人受益终身。叶圣陶先生十分重视少年儿童良好习惯的培养，他的话非常精辟："什么是教育？往简单方面说，只需一句话，就是要养成良好习惯。""习惯养成得越多，那个人的能力越强。我们做人做事，需要种种的能力，所以最要紧的是养成种种的习惯。养成习惯，换个说法，就是教育。"从小养成了良好习惯，优良素质便犹如天性一样坚不可摧。

那么，我们该如何培养良好的习惯呢？

人的习惯养成一般要经过 21 天的重复练习，我校根据学校德育目标和学生的身心发展特点，结合社会、家庭和学校生活现状，建构了一个以培养习惯为主的课程，总结提炼出 12 个习惯养成主题，开展了"一月一主题"的习惯养成活动，为正处于人格形成时期的孩子播下优秀的种子，撒下肥沃的养料，打下做人的底子，使每个孩子养成终身受益的好习惯。比如我们 1 月主题为"理想"。新年伊始，树立理想。2 月主题"节约"。合理规划，节俭有理。3 月主题"公益"。种树护绿，文明礼仪……。一年 12 个月，我们一个月一个月操作下来，每月首先通过阅读活动达到"晓之以理、导之以行"的教育目的；然后创设实践活动，实现"知行结合、实践体验"的教育目的；最后反思评价，实现"提升认识、内化习惯"的教育目的。

一、培养好习惯，必须从"早"抓起

叶圣陶认为，养成好习惯，要从"早"抓起。从"早"抓起，就是强调要抓"开端"，抓起

始的第一步。叶老说："大凡一辈子需用的事最需养成好习惯。在习惯没有养成之前，取个正当适宜的开端，集中心力，勉强而行之。渐渐地不大觉着勉强了，渐渐地习惯成自然，可以行所无事了。这就是好习惯已经养成，足够一辈子受用。如果开端不怎么正当适宜，到后来就成了坏习惯。"

孩子们如果能在小学阶段就早早树立自己的理想，并为之努力，那么就会目标专一，学习做事都有奔头。我校在1月"理想"主题习惯月中，用各种各样的诵读形式印证"养成好习惯，要从早抓起"。我们利用早读课、课前两分钟、午读课和主题诵读课开展有关理想的阅读活动。我们带着一年级的孩子用表演唱的形式诵读了《我的理想》《放飞梦想》《追逐梦想》等儿歌，配上古筝、二胡曲阅读了《塞下曲》《望岳》《夏日绝句》等古诗，用接龙朗读的形式欣赏了《莱特兄弟的飞翔之梦》《坚持自己的理想》《做最好的自己》等故事美文，孩子们逐步明白理想对人的影响是极其重大的，也坚定了在小学阶段就要养成良好的习惯、塑造美好的品德、树立远大理想的信念。本月活动的开展，从倡议到实行到结束，一年级的孩子们都满腔热情地参与其中，小小年纪就树立了理想，点燃为理想而努力的火炬，收获了喜悦，收获了成长。

我们再以"节约好习惯养成"系列活动为例。

春节过后的开学日，为了解寒假孩子们是否养成节约好习惯，我们开了学生座谈会。我问孩子："你们知道勤俭节约是什么吗?"一年级沈琪琳同学说："节约就是'谁知盘中餐，粒粒皆辛苦'。"三年级李樵禹同学说："节约就是'一粥一饭，当思来之不易；半丝半缕，恒念物力维艰'。"五年级刘雨欣同学说："节约并不是不要消费，节约是杜绝没有必要的浪费。节约并不是不要花销，节约是将财富真正用活用好。好钢用在刀刃上，这其中蕴涵着节约的寓意。"……孩子们能用这样的佳句来表达他们知道的勤俭节约，我很是欣慰，说明我们的主题诵读活动起了一定的作用。

1. 节约，在主题实践中"润物有声，水到渠成"

寒假中，我们针对"勤俭节约过新年"设计了一系列活动：

一年级：合理使用压岁钱(给自己买一本童书，给长辈送一份礼物或是自己存好作学费等)；二年级：自己动手剪贴"福"字(制作有创意、有特色的"福"字)；三年级：自己动手剪窗花(剪出或繁杂或精致或可爱的窗花)；四年级：自己动手画年画(可以是自己家过年的情景，也可以是祖国各地过年的情景等)；五年级：自己动手写春联(书写一派浓浓春节景，表达一份深深中国情)；六年级：制作"节俭过年新主张"活动计划(用A4纸自制，并精心装饰)。自己动手，营造过年气氛，不仅节约开支，低碳环保，也让同学们感受到了传统节日中浓浓的中国文化。

2. 节约，在讨论交流中"明晓意义，躬行实践"

孩子们在开学后，和老师、同学热烈讨论分享着自己是如何节俭过大年的——

有的说："我们家年夜饭八菜一汤，十个人吃，在家也实行了'光盘'行动呢!"有的说："今年的压岁钱我没有乱花哦，我给妈妈买了围巾，给自己买了课外书，也存下来作为学费了呢!”有的说:“我坚决不让爸爸买烟花爆竹,也向亲戚朋友倡议不燃放鞭炮,减少雾霾。”有的说:“我们今年回老家乘高铁,不开私家车了,又节约又环保。”有的说:“我们家没有用空调,省电又环保!”有的说:“我教妈妈节约用水了! 对了对了,在饭店吃饭时,我们还把没吃完的饭菜打包回家了哦!”……

节俭过年别样红。孩子们在活动中了解到节俭就是“常将有日思无日,莫待无时思有时”;更躬行节俭,让节俭成为家庭生活的新时尚,因为他们懂得了“节省下来多少,就是得到多少”的真谛。

3. 节约,在总结反思中“回眸实践,深化主题”

2 月节约主题习惯培养活动已结束,但仍存在一定的遗憾,也让我们反思:

(1) 孩子们会不会认为只有在过年时才要节俭? 答案:我们的主题活动应该让他们知道节俭是一辈子的生活习惯。因为“不念居安思危,戒奢以俭……,斯以伐根以求木茂,塞源而欲流长也”。

(2) 孩子们会不会把节俭的内容局限了? 答案:我们的主题活动要让他们知道节俭体现在生活的方方面面。因为“节俭是你一生中食之不完的美筵”。

(3) 孩子们会不会认为节俭是个人的事情? 答案:我们的主题活动要让他们谨记节俭是每个人的职责,因为“历览前贤国与家,成由勤俭破由奢”。

我们的国家正在吹拂着“节约光荣,浪费可耻”的新风,在家庭、学校、社会的关心下,相信孩子们会早立习惯,成为引领“勤俭节约”新风尚的小达人,让“俭以养德”的好习惯刻印在心上。

二、培养好习惯,重视躬行实践

作为一名长期从事教育工作的实践者,叶老在培养习惯上十分强调身体力行。他认为,要养成好习惯,必须随时随地注意付诸实践,才能收到可观的效果。

在《习惯成自然》一文中,他说,“要有观察的能力,必须真个用心去观察;要有劳动的能力,必须真个动手去劳动;要有读书的能力,必须真个把书本打开,认认真真去读;要有做好公民的能力,必须真个把公民应做的一切事认认真真去做”, 这样,我们“所知”的才能逐渐化为我们的习惯,成为相应的能力和素质。

7 月我校德育活动的主题是“交往”。孩子们离开了校园,来到朋友家,来到社区,来到更广阔的世界中。他们不再局限于老师教授的知识,而是躬行实践,到生活中去学习新的知识,体验人际交往的快乐。低年级学生开展了“我是小主人”的活动。孩子们在家里当了一回小主人,邀请了同学或者亲友的孩子到家里做客。中年级学生开展了“我是小棉袄”的活动,利用暑假向家长汇报自己在学校的学习情况,也了解爸爸妈妈过去一年的工作和生活,了解他们对自己的期望和要求,学会向父母倾诉爱意,并主动与他们沟通。通过交流与沟通,孩子们更能理解父母的苦心,家庭生活也变得更加温馨。高年级学生开展了“我是小记者”的活动。利用暑假,深入社区走访交流,有的同学采访了社区工作人员，有的采访了小区里的居民等，了解了最近发生在社区里的有意义的事件，并把交流的过程记录下来，完成了一份社区实践调研报告。

生活千变万化，社会现象千姿百态。走出家门，走向街头，看现象，多思考，发评论，在不知不觉中，孩子们既学会了如何与人交往，又锻炼了胆量，丰富了社会经验。五年级的吕同学采访了居委会主任，关注了环保的问题，她的感悟也挺深："现在人类已进入了21世纪，我们的家园发生了翻天覆地的变化，汽车的尾气破坏了臭氧、大气层……，我们要保护环境，保护我们美好的家园。"六年级的范同学采访了社区保安大叔，她有了自己的收获："平凡的工作也很重要。任何一个职业都是崇高而又伟大的。作为小学生的我们，应该好好学习、天天向上，等到将来毕业了踏上社会，才能把所学的知识用到工作中去，为国家和社会贡献自己的一份力量。"孩子们没有荒废暑假的时光，他们从自己的亲身经历中懂得了礼貌，学会了问候，收获了交往的快乐，丰富了自己的阅历。

三、培养好习惯，着重方法指导

"授人以鱼不如授人以渔"，叶圣陶是这样认为的，学生是学习的主体，"教是为了达到不需要教"。而"要达到不需要教，就是要教给学生自己学习的本领，让他们自己学习一辈子"，"教师对学生是极有帮助的，主要不在于传授知识，而在于引导学生求得知识"。这些论述和当今新课程标准的基本理念、学科目标及倡导的学习方式是吻合的。而对于如何引导学生自己学，当年叶圣陶在阅读、说话、写字、作文、计算、劳动等训练方面都提出了具体的措施与方法。叶先生这些方法至今对孩子的学习仍有重要的现实指导意义。

我校在9月份的"规则月"中，在课堂常规习惯的养成方面进行了探索，形成了一套行之有效的做法。

1. 说清要求，摆放训练

我们要培养孩子课堂常规，就要告诉孩子在课堂上应该这样做，这样做才是最好的。比如上课前要把书本准备好，并按要求摆放在书桌左上角，铅笔盒放在右边；刚入学的孩子有的是连左右都分不清楚的，这就需要老师进行示范，同时让孩子拿着自己的书本用具进行摆放训练。孩子的模仿能力是很强的，几次就会分清楚。

2. 口令辅助，强化效果

在训练孩子的摆放后还配有课堂口令，比如在下课时会有一则口令："课间四件事，一换书本，二整书桌，三喝水，四方便"，这就提醒孩子们先把本节课的书本收好，再把下节课要用到的书本提前准备好。

3. 设立人员，及时提醒

一开始可能会有孩子不能按要求去做，我们在班里设立两名监督员，专门检查看谁的用具摆放整齐，谁还没有，及时提醒。一个习惯的养成是需要一定的时间的，所以在养成一个行为习惯前要不断重复、提醒，最终才能坚持下来。现在我们的孩子经过一段时间的训练，已经养成了一种习惯，每节课后都会按课程表主动把书本整好，只等铃声一响，孩子们就会乖乖地坐在自己的位置上，静静等待老师的到来。这样一个习惯的养成，受益的不仅是孩子，还有老师，老师不会再因为孩子们的书本没拿出来而影响上课的情绪，也不会因为孩子们在找书还要组织课堂纪律，一节课就在一个安静的环境中开始了。

养成好习惯不是短时间内可以速成的。低年级学生自觉接受纪律教育，在快乐生活中养成良好的日常行为规范，是需要教师不断地监督和引导的，就像滴水穿石，一点一滴地，经过多年努力，促使他们逐步养成各方面的好习惯。

实践证明，“每月一主题”系列习惯养成活动，不仅丰富了学生的校园文化生活，拓展了他们的知识领域，而且有助于他们养成良好的品行和学习生活习惯，培养他们成为人格健全、心理健康、体魄健壮的人，全面提高他们的综合素质。教师为了指导好实践活动，也勤于学习、投身实践，在努力地改变着自己，达到与课程共同成长的目的。教风、学风的明显好转，为学校的健康持续发展奠定了良好的基础。

总之，习惯养成是一个复杂的系统工程，是教书、办学、做人之根本。习惯养成更是一门精雕细琢的学问，它的形式是多样的，它的作用是不可估量的，我们将以叶圣陶老人家的教育习惯论为依托，积极探索、锐意进取，继续开展好每个习惯的养成活动，为学生的成长、教师的发展，耕耘出一片广袤、肥沃的田园！

第八章　老师眼中的好习惯班级

第一节　全国新教育实验完美班级:“林芳班”

顾林芳老师的班级,又称“小蜜蜂班”“林芳班”,我们更喜欢称呼这个班级为“林芳班”。

顾老师有着一颗包含着责任心与慧心的爱心。既然当一名班主任,就要有“守住自己的教室”的责任心,这是顾老师常说的关键词。“如果你还能有一颗爱心,善于去发现孩子们身上的可爱之处,我们的工作中就会泛起朵朵有趣、快乐的浪花,那你的班主任工作至少是‘苦中作乐’;而如果你在班主任工作中还能有一颗慧心,善于想办法去管理班级、引导孩子,我们的工作中就会开出朵朵绚丽、芬芳的鲜花,那时你会觉得当一名班主任‘苦中有甜’。”这也是顾老师的工作理念。让我们一起来看看她的好习惯养成工作方法。

一、打造魅力班级文化

《孟母三迁》的故事告诉我们,环境对一个人成长的影响是巨大的。好的班集体,就是培养小学生良好行为习惯的温室。好的班集体,一定弥漫着文化的芬芳,是学生学习与生活的精神家园。打造班级文化,就是打造学生成长的平台,建设学生的精神家园。而打造魅力班级文化,主要包括三个方面:优化班级物质文化、建设班级制度文化、塑造班级精神文化。

(一) 优化班级物质文化

“爱美之心人皆有之。”可以这么说,无论是谁走进一个班级,映入眼帘的是“洁、齐、美”,就会心情舒畅,让人感觉到这位班主任对工作认真负责,庆幸孩子们能在这样的环境中学习生活。而相反,当人们走进一个“脏、乱、差”的教室时,又会作何感想呢?加强班级物质文化建设,即加强班级的环境建设,是一个班级精神面貌的具体反映,也是衡量班级文化的基本尺度。

那么,优化班级物质文化主要包括哪几方面呢?

1. 卫生“攻坚战”

如果说班级物质文化建设是班级文化建设的“硬件”基础，那么环境卫生建设便是这“硬件”中的“硬件”。平时的工作中，顾老师是这样做的——

(1) 率先垂范。

首先，顾老师注重时时处处以身作则，率先垂范。孔子曰：“其身正，不令而行；其身不正，虽令不从。”走进教室，作为一名班主任，看到地上有纸屑，她会弯腰捡起来丢进垃圾桶，如果纸屑有点多，她会让在教室里玩耍的学生和她一起将垃圾捡起来；看到有的课桌排列明显不整齐，她会动手将它们排排整齐；看到图书柜里的图书放得不够整齐，她会亲自或者让学生和她一起把它们摆弄得整整齐齐……。日复一日，月复一月，顾老师耐心地、不厌其烦地做着这些看起来不怎么重要的小事。

(2) 明确要求。

“无以规矩，不成方圆。”因此，顾老师努力做到让班级卫生工作的各方面要求具体化，细则化，可操作性强，让卫生工作“有则可循，有法可依”。接手一个新的班集体，抓卫生常规必定是班主任工作的当务之急之一。她会规定教室里的课桌椅怎样排放，卫生角中垃圾桶、扫把等的具体摆放位置与方法，图书柜中书籍等物品的摆放要求，每位同学课桌的桌面与桌肚里物品的摆放要求……。教室里所有的东西都有它们固定的、合理的位置：垃圾桶安排在不显眼的角落里，但是垃圾桶绝不是垃圾，要求学生每天都要将它清洗干净，垃圾桶的旁边绝对不能有垃圾；把饮水机摆在教室里相对比较宽敞的地方，这样学生下课去排队喝水的时候不至于挤来挤去发生危险；下课后把讲台上的粉笔、粉刷放进木盒子里，将生字卡片等整理进自己的塑料篮子里，这样的讲台上看起来干干净净，方便下一节课的老师来上课……

(3) 教给办法。

如低年级小朋友的观察能力、动手能力等都不如大孩子，顾老师就亲手操作，沿着大理石地砖的一条条边线设计怎样的课桌排列比较合理，然后就一步步指导小朋友将课桌的桌脚与地砖的一条条线来进行横与竖的对齐。这样一来，小朋友排课桌时只要将自己的桌子与地面的地砖线进行比对，而且只要按规定的方法操作，教室里的课桌排列绝对是又齐又快。

记得上学期初，学校开展文明礼仪教育月活动。上午第二节课，昆山电视台就到“林芳班”来拍摄一节“学会观赏”的“八礼四仪”课。上课前，顾老师倒数五个数“5 4 3 2 1”，一年级的小朋友赶紧人人行动，大约五六秒钟的时间，他们就将教室里的课桌排列得整整齐齐，令电视台的工作人员以及在场的其他几个老师啧啧称赞。

(4) 制定职责。

为了更好地搞好班级卫生工作，营造整洁、美观的教室环境，培养孩子们把班级当作自己家一样细心呵护的卫生好习惯，顾老师会制定出《每日班级工作职责表》。班级卫生工作的职责内容涵盖全面，有排桌椅、扫地、拖地，有书柜整理、窗户保洁、午餐管理，有打扫包干区、擦瓷砖、查课桌卫生，有护理盆景、整理讲台、擦黑板，还有倒垃圾、课间巡逻、整理卫生角、管理书包柜……，尽量做到“人人有事做，事事有人做”。

（5）编唱儿歌。

另外，在“卫生攻坚战”中，顾老师还会给低年级的小朋友们编一些小儿歌。小朋友年龄小，常常把老师说过的事给忘了；儿歌是小朋友们喜闻乐见的，经常吟诵可以帮助他们记住老师说过的话，记住应该做到哪些要求。

例如，刚上一年级的小朋友要放学了，学习一天要回家了个个都很兴奋，然而有的小朋友的课桌歪得不成样，有的小朋友的课桌周围有纸屑，有的小朋友刚走出校门又回来取忘了该带回家的东西……。面对这样的教室，面对这样的孩子们，顾老师编了《放学歌》：“桌子排整齐，凳子塞进去，垃圾捡干净，东西整理好。”小朋友们每天放学时就一边念儿歌，一边排桌子、塞凳子，把不小心掉下来的东西捡起来丢进垃圾桶……，儿歌念完了，班级的基本卫生工作也就差不多做好了。

2. 墙壁会“说话”

优化班级物质文化的第二方面就是要让墙壁会“说话”。班级墙面布置应该凸显班级的文化特色，凸显学生的主体意识，让墙壁成为孩子们获取新知、陶冶情操、表现才能的天地。同时，班级墙面布置也可以成为培养学生良好行为习惯的一个途径和载体。

2014 年 5 月 1 日前，我们新镇小学的全体师生搬进了新的教学大楼，一切焕然一新！教室的里墙和外墙，除了门窗以外，全都做上了漂亮的蓝色软包，这下布置墙面可方便了，墙面也能更好地发挥它的育人功能。在平时的工作中，顾老师经常带领孩子们认真布置班级四周的墙壁，用心营造出整洁清新、充满美感、富有意义的班级文化氛围，让一面面墙壁会“说话”，请墙面成为“无声的老师”，对学生进行潜移默化的教育。

墙面布置的作用主要包括这样几种功能：

（1）教育示范作用。

例如，在“图书角”中贴上“书籍是全人类的营养品”“书犹药也，善读之可以医愚”等标语；在“卫生角”中贴上“班级是我家，爱护靠大家”“环境洁齐美，人人心欢畅”等宣传语。再例如，假如近期内，重点培养学生“吃好饭”这一好习惯，她就用手机，把孩子们安静有序排队、安静认真吃饭、珍惜粮食“光盘”、小分队有序回教室等的照片拍摄下来，然后贴在教室的一块墙面上，并配上简要的文字说明。

孩子们下课时走过路过，瞧瞧看看，议论议论，这些宣传标语，这些图文并茂的墙面布置，对小学生来说，多多少少会产生一些影响。这样的墙面内容布置对小学生良好行为习惯的养成起到了教育示范的作用。

（2）激励促进作用。

例如，在带“春笋班”的一年级时，顾老师在教室的北门附近开辟出了一个“光荣榜”栏目，里面有“发言之星”“阅读之星”“文明之星”“守纪之星”等等。每个人的内心都是希望自己能被肯定，能受到他人的赞美的，特别是低年级、中年级的小学生，尤其喜欢得到肯定和表扬。班里进行阶段性的评比工作时，将获得荣誉的小朋友的照片贴进相应的栏目中，操作还是挺方便的。尤其是每一次“师生共同评比—认真庄严张贴—学生欣赏讨论”的过程，让没有获奖的小朋友变得上进了，获得殊荣的小朋友表现更出色了！

“光荣榜”这一墙面板块的开辟，为培养小学生良好的行为习惯起到了很大的促进作用，孩子们都想自己能登上这个“光荣榜”，于是在上课听讲、卫生劳动、遵规守纪、文明礼貌、做好两操等各方面，几乎是人人都严格要求自己，人人争先恐后，你追我赶，班级形成了积极向上的氛围，景象十分喜人。

（3）督促鞭策作用。

顾老师班级在“公告栏”中公布班级中的班干部名单、班级公约、《每日班级工作职责表》等。孩子们常常会来这儿看看谁担任什么班干部，是否认真履行着自己的工作职责；谁是负责班级里哪方面的工作的，有没有做好；自己的值日工作做好了没……。小朋友们还会念念班级公约儿歌等，这些都能对学生的行为习惯培养起到督促鞭策的作用。

有时候，对班级里的一些“落后分子”，墙面布置也能帮助老师对他们的行为习惯养成进行督促鞭策教育。例如，顾老师设计一张表格，请小组长、家长来负责填写小学生某些方面的习惯养成情况，并于一段时间后将这张表格公布于教室的墙面上，对表现优秀的学生进行表扬，而最重要的是要鞭策那些表现较差的学生积极行动，迎头赶上。

3. 图书角成“风景”

优化班级物质文化的第三方面就是要让图书角成为风景。顾老师班教室的书柜上上下下都是书，孩子们闲暇时手不释卷已然成为班级亮丽的风景。“读一本好书，就像在与一位高尚的人谈话。”学校教育培养学生从小爱看书的好习惯是十分重要的。因为：第一，孩子们小时候最容易听老师的话；第二，随着年级的升高，孩子们的学习任务会越来越重。所以顾老师认为，在培养阅读好习惯方面，中年级、低年级的老师更要做一个有心人。

每天早上，顾老师班的孩子不会趁老师没到学校就追逐打闹，因为有班规，有监督机制，谁早到了，就会看书，增长知识。爱看书的孩子，就不会整天惹是生非；爱看书的孩子，他的思维能力就会越来越强；爱看书的孩子，他的精神世界也会越来越高尚……，所以她班级的孩子个个成绩优良。

我们都有自己的教室，教室都有墙壁，教室都有书架等等，关键是我们如何利用它们。马克思说：人创造环境，同时，环境也创造人。幽雅的人文气息、厚重的教室文化环境对人潜移默化的教育影响是巨大的。这种潜移默化的教育往往具有滴水穿石的力量。如果我们能使班级的各种物质的东西都给学生一种高尚的文化享受和催人奋发向上的力量，那么，班级的墙壁和书架，包括一张张课桌椅等，都会像一位位无声而有风范的老师，对孩子们良好行为习惯的养成起到“无声胜有声”的教育作用。

（二）建设班级制度文化

班级管理是一项复杂而艰巨的工作，是一门科学，也是一门艺术，这是每一位班主任的重要工作。实现学生参与班级民主自治管理有利于减轻我们班主任的工作负担、降低班级管理的难度，有利于增强学生的主人翁意识、增强班集体的凝聚力，有利于培养学生的责任感和多方面的才能，有利于班级学生良好行为习惯的养成，有利于更好地管理好一个班级。我们班主任必须建设好班级制度文化，让班级制度文化为培养小学生良好的行为习惯保驾护航。

1. 学生参与班规的制定

(1) 理解班规的意义。

无论顾老师带的是低年级、中年级还是高年级，她都会引导学生明白：班规不是用来约束学生的，就像交通法规是用来保障大家的交通安全一样，我们都需要班规来为自己更好的集体生活创造良好的学习环境与生活环境；撰写班规的目的是让班中的每个人都成为“立法者”，既然大家认为这些约定是合理的，既然大家一起立了法，班规面前人人平等，每个人就必须遵守班规。

(2) 制定班规的内容。

接着，顾老师引导孩子们集思广益，一起来制定班级公约，内容包括德、智、体、美、劳全方位的内容，当然还应该有一套有效的监督、赏罚制度，使学生之间相互监督，相互激励，相互教育，最终达到共同进步的目的。要注意的是，班规的内容要让学生好记，能操作。

例如，这是顾老师的“小蜜蜂班”二年级时的班规：

我是文明小学生

——二(1)班班级公约儿歌

早睡早起身体好，穿戴整洁上学校；
准时认真做值日，呵护环境洁齐美；
爱护公物不破坏，节约水电不浪费；
集合整队静齐快，做操有力要到位；
同学相处要和气，见到师长有礼貌；
上课倾听又发言，作业正确又美观；
读书写字身体正，保护视力很重要；
课间轻声又慢步，吃饭安静又干净；
放学回家不贪玩，完成作业多阅读；
我是文明小学生，班级公约要记牢。

这首班级公约儿歌比较简洁明快、朗朗上口，内容囊括了合理作息、仪表整洁、值日认真、讲究卫生、爱护公物、节约水电、集合整队、做操要求、礼貌待人、认真学习、课间守纪、文明用餐、课外生活等方方面面的要求，小朋友们经常读读唱唱，有利于小朋友们记忆班规的内容，并对照儿歌来指导学习和生活。

2. 提供更多锻炼的机会

顾老师喜欢在班里多设立一些“官衔”，除了班委会、少先队组织中设立的班、队干部，她还会在班里选出各科的课代表——通常都是每门课两位课代表，两人合理分工；组长——通常每组有 3 位组长，他们各司其职；还有形形色色的小队长等等。

例如：男生坐一排，女生坐一排，合成一组，然后在男生和女生的两排中各选出一名小老师，一名组长，一名队长。小老师主要负责检查作业背诵等，组长主要负责收发作业等，队长主要负责该小队学生的红领巾佩戴、卫生、守纪等监督工作。而小朋友们当上了班干部，甭管大小，个个都很开心，学习、工作就十分卖力。

假如带的是中高年级，还设置值日班长这个岗位。班长值日制为班级里每一位同学提供了参与班级管理的机会和条件，增强了学生的自我约束能力和主人翁意识。

3. 发挥各种小组的作用

(1) 设立多种管理小组。

为了使学生能更广泛地参与到班级民主管理中来，顾老师根据班级实际情况，建立了多样化的管理小组，如课间活动安全巡视小组、卫生督查小组、课外阅读监督小组等等，这些小组的建设充分发挥了学生的主体作用，学生既是管理者、参与者，又是被管理者、合作者。有趣的是，课间活动安全巡视小组的成员，她经常会安排那些成绩较好却有点调皮的男孩子来担任，因为考虑到自己的职责，所以他们会经常提醒自己要遵守班级公约，不能在下课时追逐打闹，做危险的游戏。

(2) 引导学生自我管理。

值得注意的还有，学生参与班级民主管理不仅是让学生来管理学生，更重要的是引导孩子们自己来管理自己。在顾老师的班中，偶尔会发生这样的事情——全班同学在午餐后练坐，取消自由活动，有两位“小老师”在讲台前“一唱一和”，一个问：“小朋友们，我们为什么不能自由活动，要练坐呀?”另一个答：“因为我们课间追逐打闹的情况十分严重，这违反了班级公约。”一个再问：“课间为什么不能追逐打闹呢?”另一个再答：“因为这样十分危险，万一撞人摔跤，磕掉了门牙，摔断了胳膊，后果不堪设想。”而老师则坐在教室后面听学生讲。这种形式，一方面能让学生自我反省，同时很好地维护了和蔼可亲的良师益友形象；另一方面能使学生感觉到违反班规，就要受到一些小小的惩罚，这不是老师在管理我们，而是我们自己对自己的约束，这是自己对自身的健康安全负责。

4. 重视执行班规的反馈

检查与评比就好比一面镜子，能让小学生更好地了解自己遵规守纪、习惯养成的情况。及时地检查和评比，相机进行恰当的表扬和批评（恰当的奖励与惩罚）是我们班主任工作中常用的两件法宝，以此可以强化小学生良好行为习惯的养成。

(1) 有检查就有记录。

例如，根据班级学生需要养成的一些好习惯内容在教室前面的黑板的一个角落画出一张表格。这张表格里分别有“阅读”“早读”“卫生”“做操”“上课”“课间”等项目，下面记录违反班规的学生姓名。由谁来记录呢？当然是由一些班干部、各种管理小组的学生根据他们每天的观察所得来进行记录。因为一个班级的小学生可以说基本上是时时刻刻相处在一块儿，彼此都比较清楚同学们遵守班规的情况。记录下来之后，可以让班主任老师及时发现某些学生的不足，然后老师就能予以提示和批评，以此来纠正这些学生不良的行为习惯。

(2) 没有训练就没有习惯。

有一点我们需要明确：形成良好的行为习惯，要经历从认识向行为的转化，从行为向习惯的转化。近代英国教育家洛克在其《教育漫话》中说道：“儿童不是用规则教育就可以教育好的，规则总是被他们忘掉。你觉得他们有什么必须做的事，你便应该利用一切时机，给他们一种不可缺少的练习，使它们在他们身上固定起来。这就使他们养成一种习惯，这种习惯一旦养成以后，便不用借助记忆，很容易地、很自然地发生作用了。”班规就是对学生的行为进行训练，训练是形成良好行为习惯的中心环节，可以说，没有训练就没有习惯。

(三) 塑造班级精神文化

班级精神文化具有移情、承载和凝聚的功能，是所有师生共同创造的一种精神财富，体现着师生共同认同与维护的理念、情感、价值取向，是规范学生行为、熏陶学生人格、陶冶学生情操的重要手段。建设班级文化，应当塑造概括力强、震撼力强、号召力强的核心精神，使全体学生有明确的奋斗目标。

1. 精心设计班牌

班牌主要体现着一个班级的价值系统。班牌的设计应该努力做到：颜色鲜艳、外形美观、富有童趣、张扬个性。如“小蜜蜂班”，班级标识是一只小蜜蜂再加“付出才有收获”的文字，寓意是希望孩子们能像勤劳的小蜜蜂那样努力学习，只要辛勤付出，一定会收获甜蜜的人生。愿景是“努力每一天，充实每一天，快乐每一天！收获美好的明天！”顾老师对孩子们的寄语是“好习惯使人终身受益”。班牌上还应该包括这个班级的集体照、任课教师的照片和姓名等。当然，班牌上还可以写一些其他东西，如班级格言、班级精神、班级口号等。如“小蜜蜂班”的班级格言是“蚕吐丝，蜂酿蜜；人不学，不如物”。

班牌虽小，作用却大：它是班级的旗帜，指引学生前进的方向；它是班级的凝聚剂，增强班级的凝聚力；它是一种约束力，督促学生遵守班级这个团队的规则；它是一种力量，使学生增强信心和团结精神！

2. 积极树立榜样

(1) 教师以身作则。

榜样的力量是无穷的。榜样具有鞭策性，能促进学生良好行为习惯的养成。著名教育家叶圣陶说："我认为自己是与学生同样的人，我所过的是与学生同样的生活；凡希望学生去实践的，我自己一定实践；凡劝诫学生不要做的，我自己一定不做。"因此，我们老师先要做好学生的榜样！

（2）优秀学生榜样。

学生中的优秀人物、先进同学有很强的感召力，更具有教育的力量，因为他们是具体的、真切的，可以让同学们在耳闻目睹中受到教育，激发大家向好的行为习惯学习的氛围。我们可以在班里评出"环境小卫士""'光盘'小能手""文明形象大使""进步之星"等等，以此激励学生们向先进看齐，带动整个班级形成一种积极向上、奋发进取的良好风气。

3. 重视每次活动

要想让集体充满生机，认真组织学生开展各项有意义的活动是很重要的，很多学生有强烈的表现欲望，他们希望展示能力与才华，获得认可与成功。通过活动，班集体可以形成健康向上的班级氛围，增强班级的凝聚力，培养学生良好的学习习惯、行为习惯等。

如"春笋班"的新队员入队仪式活动，顾老师将小朋友们的活动照片和一些队知识布置在教室的一面墙壁上，继续强化小朋友们的入队意识，提醒他们要时刻注意规范自己的言行举止，严格要求自己，树立良好的少先队员形象，好好学习，天天向上，为胸前的红领巾增光添彩，从而培养小朋友良好的行为习惯。

在一次"少年强国防强"绘画比赛活动中，同办公室的班主任老师都问顾老师：为什么你们班孩子画得那么好，我们班就找不出一幅像样的作品呢？其实"功夫不负有心人"这话是十分有道理的。之所以顾老师班的孩子们能表现好，是因为顾老师每次活动都认真组织，而且有活动就必定有反馈，尤其要表扬先进并给予形式化的鼓励——发个小奖状和一支小铅笔、一本小本子等，还要拍照留影，小朋友们可开心了——所以孩子们对于每个活动都会认真准备，积极参加。

当一个班级处处绽放着精神文化的魅力，处处涌动着精神文化的气息，那培养小学生良好的行为习惯就会瓜熟蒂落、水到渠成。

第二节　一个好习惯班级的一日常规

丁老师1987年从教，所带班级无数，个个都是好习惯班集体。这离不开丁老师把好习惯养成融入日常的功夫，我戏称丁老师"像绣花一样"地抓习惯。下面是丁老师班级的一日常规，细读一下，字字句句都是好习惯养成的关键。

二(3)班学生一日常规

1. 早上闹铃响后自己起床穿衣，照镜子，戴红领巾，队干部戴好标志，洗漱，吃早饭

(时间不超过30分钟)。

2. 离家上学和家人说“再见”,向帮你开车门的志愿者说“谢谢”,校门口见保安、老师、同学都主动问好。

3. 进校门后直接进教室,把书本、文具盒放到桌肚里,挂好书包,认真看课外书,直至早读开始。坐在窗边的同学别忘开窗通风。

4. 早读开始马上紧跟领读员认真读书。晨会课结束后5分钟内整理好桌椅,交作业,上厕所,到走廊安静排队,准备上大体活。

5. 排队时站准自己位置,不说话,对准前面同学后脑勺排齐队伍,收腹,抬头,挺胸,双脚并拢,双手紧贴两侧裤缝,保持姿势不晃动。列队行进时不说话,精神饱满,走准路线,和前面同学保持一定距离,不紧贴,不掉队,两两对齐,走楼梯靠右行。

6. 到达操场指定点位,按要求原地踏步或原地跑步。升国旗时,肃立,行标准队礼,高唱国歌。

7. 做操时踩准点位,动作到位,不说话,跟着领操员按照节奏做。若因身体原因不能参加体育活动,请家长提前短信通知老师,否则一律不准假。

8. 做完操马上集合,进食堂洗手,喝牛奶。牛奶盒小心撕开,防止奶汁滴落,喝完马上回教室做好课前准备工作。

9. 上课预备铃响,立即进入教室坐端正,双手放桌上,跟领读员朗读或背诵,直至老师到来。

10. 上课时精神饱满,听老师讲课时,眼睛看着老师;老师在黑板上写字时,眼睛看着黑板;老师指屏幕时,眼睛盯着屏幕。老师提问时,积极思考,不随便插嘴,大胆举手,发言时声音响亮,落落大方。同学发言时认真倾听,及时举手补充。不做小动作,不和周围同学讲话(若玩文具或其他东西,一律收缴)。一个人发言时高音量,集体朗读时中音量,和同桌讨论低音量。起立读书时人要站直,双手捧起书本。

11. 写字时姿势正确,双脚自然平放,背挺直,眼离书本一尺,胸离桌子一拳,手指离笔尖一寸。铅笔、橡皮、尺子等用自己的,不借别人的。书写认真,专心、细心,字迹工整,讲究效率。书写完毕马上把学习用品归位。

12. 下课后做好下一课的准备工作,喝水、上厕所、洗手,检查自己课桌、周围地面后在规定的活动区域进行课间放松活动,不得大声喧哗,不说粗话、脏话,不得追逐打闹,不随便进入教师办公室和别班教室。

13. 注意环境卫生,不随地丢果皮、纸屑、杂物,纸屑果壳入篓,不乱涂墙壁、地面和黑板,不把杂物丢在大便或小便池里,防止堵塞。节约用水,随手关好水龙头。

14. 眼保健操前的课间仔细检查自己周围的卫生,包括桌子、桌肚。做眼保健操时要安静、认真,穴位和动作要准确,不允许睁眼。

15. 中午进食堂,有序排队不奔跑,不插队,不说话。双手接餐盘,并向食堂阿姨道谢。捧稳餐盘走到指定座位放平餐盘,坐下。用餐时细嚼慢咽,专心用餐,不说话,不东张西望。没有特殊情况，吃光饭菜，吃不饱可以添饭，喝汤时小心，不外洒。吃完饭挂好凳子，把碗筷、餐盘放到指定地方后回班级。

16. 中午一吃完饭值日生进教室打扫，10分钟之内完成，打扫完毕整理好清洁工具。有劳动岗位的同学认真负责自己的工作，不脱岗，有特殊情况可以请同学帮忙。其他同学吃完饭在走廊休息，耐心等候，不得喧哗、打闹，可以看看同学的优秀读写卡。

下面我们再来一起看看丁老师是怎样落实一日常规的。

一、书包整理我支招

每天早晨，学生进教室第一件事便是放书包。老师时常会看到这样的画面：日有所诵的诵读铃声已经响起了，早读课的铃声已经响起了，还有几个书包"睡"在地砖上。午餐后，同学们在老师的带领下，有序地在教室外休息、阅读，很多同学的小书包安安静静地待在自己的课桌肚里，可是却有几个小书包"飞"到了教室外的长桌子上。到底怎么回事呢？

在课间，经常发现有的书包被搁在课桌底的地面上，有的躺在过道中，甚至有些书包会跑到隔了很远一段距离的其他同学的脚边。书包难不成会飞？当老师询问孩子们的时候，他们常常抱怨，书包太大了，课桌肚塞不下。孩子们的书包没有安静地睡在桌肚里，而是被扔在了其他的地方，归根结底还是整理书包没有做到位。这看上去是一件小事，实则关系到他们日常学习生活中的习惯养成。

发现问题是为了解决问题。丁老师通过以下两个方法来培养学生整理书包的习惯。

1. 在学科教学中渗透

在语文教学中，丁老师借着关于书包主题的《识字8》一课，升华主题，引导学生正确认识自己的文具，了解自己的书包，以比赛的形式激发学生的好胜心，由整理文具盒，再到整理书包，整理课桌，最后到回家整理自己的书桌、书房，逐层递进，由易到难，评一评班级中的整理之星，并颁发奖状。

在道德与法治教学中，丁老师通过《开开心心上学去》一课，让学生简单介绍自己的文具和小书包，并讲述了一个小故事：乐乐小朋友伤害他的文具朋友，不爱护自己的书包，最终做了一个文具哭诉的噩梦。引发学生思考，应该怎样对待自己的文具与小书包，通过同桌交流，小组讨论，班级共同商议出了很多好办法。通过学生去实践自己想出的好办法，促成其勤整理、善整理。

2. 在实践中强化

充分利用好班会、晨会，让学生说一说他们的整理方法；再向老师学一学，老师授之以渔，教给学生整理书包的方法；然后动手比一比，最后评一评，评出班级中"整理书包小能手"并颁发奖状。

拍摄班级内"整理书包小能手"的书包内部图片、整理书包的视频，在班会课上展示，现场演示。书包整理动作慢、书包内部塞得乱的同学再进行比拼，在不断反思、不断实践中，促使这一部分学生收获自信，认识到自己也能又快又好地整理好书包。

通过一段时间的训练，班里书包散落在地面上的情况逐渐好转，桌肚内的书包也摆放得十分得体，不过还是出现了一小部分同学偷懒，把书包随手搁在脚边的情况。针对这种现象，在中午同学们饭后活动时，丁老师请当天的值日生同学、留在教室帮忙打扫卫生的同学去检查被遗忘在地上的书包，并将书包留在教室外的白色长桌上，等学生们休息完回教室后，这些书包的主人便会察觉到自己的错误，将自己的书包拎回教室，放入桌肚内。就这样同学间互相监督，共同进步。

二、课桌整理有秘诀

片段一：午间丁老师督促学生值日时，经常看到很多学生的桌子里面很乱：用过的餐巾纸、忘记带回去的水彩笔、带着鞋印的橡皮、随意折叠撕毁的彩纸……，一股脑地塞在桌肚里，看起来杂乱无章，很不美观。有的学生因为课桌肚里被塞得满满当当了，书包放不进去，就只能把书包扔在凳子旁。

片段二：上课时老师要求同学们找出课间发下去的练习卷。大部分同学找到后就坐端正了等老师读题，但有的同学把课桌里所有杂物都拿出来才找到卷子，然后再把东西全塞回去，十分浪费时间。

看了上面的片段，我们都明白整理课桌是多么重要。

1. 引起书桌不整洁的原因

丁老师在班级管理中总结了造成课桌不整洁的原因，主要有以下几个方面：

(1) 东西太多，整理难度大。学生平均每天要带 4 本课本，再加上铅笔盒、跳绳、餐具、水彩笔、水杯和“十六艺”活动要用的工具等等，这么多的东西要摆放好，确实需要成人的指导。

(2) 动手能力差。老师曾要求学生试着在 5 分钟之内把书桌整理好，尽管他们都尽了力，但毕竟只是一年级的孩子，最后依旧有几个学生不会整理或者整理的速度太慢，花费时间过长。

(3) 懒惰。部分学生习惯很不好，比较懒惰，根本不想花费时间去整理，放弃去做。

2. 解决课桌不整洁的策略

策略一：加强教育，转变观念。丁老师经常利用晨会课和班会课进行教育，尝试通过讲故事等方式，引导学生对这个问题重视起来，从思想上转变他们的观念，重视整理书桌，把整理书桌提高到事关学习成败的高度。

策略二：做好计划，给书包“减肥”。丁老师要求学生每天整理书包的时候对照课程表来带书，不要带用不着的东西，让书包“减减肥”。

策略三：由简入繁，顺序渐进。由丁老师来示范怎么去整理，从简单的铅笔盒开始：5 支铅笔削尖后依次插入放铅笔的插槽，2 块橡皮摆在铅笔旁边，尺子放进拉链内，以免掉出。再组织学生当堂练习，小组内评比出谁整理得又快又好。然后进行全班比赛。铅笔盒整理好了再进行下一步书桌的整理练习。

策略四：督查评比，养成习惯。平时加强对学生的检查和督促，要求每一位学生都要做到课桌整齐、干净、美观。刚开始老师检查，同桌互查，两周后再选出每组组长承担这份工作，对做得最好的进行记录，老师给予表扬奖励。

策略五：家校合力，共育未来。家庭是学生的第一所学校，父母是子女的第一任老师，家庭环境的优化对孩子好习惯的养成起着重要作用。请家长教会孩子自己整理书桌、房间，在教孩子整理物品时，家长可以先示范一遍，然后让孩子自己做。

整理桌椅其实是一件很小的事情，通过整理桌面学习用品和摆放桌椅，学生会学到并且巩固一些分类的知识；当然，更重要的是让学生从小就养成良好的生活与学习习惯，懂得有条理地整理事物，以后也就更能规范自己的行为。

第三节　玉峰三三读书会：养成阅读好习惯

大家好！我是三三读书会的会长张静家长。三三读书会，是玉峰几十个读书会中，很普通的一个读书会。今天，我借小敏校长的书，给大家分享三三读书会是如何培养孩子们的阅读好习惯的。

每一个家长都深知：阅读是一种以语言符号为媒介，包含丰富的、超越现实生活内容的活动，会让阅读者的语言系统发育得更好，同时可以让阅读者的“智力背景”更为丰富，从而使得他们的思维能力及学习新知识的能力更强。

自从三三读书会成立到现在，我们始终带着以下4个问题，围绕着如何培养阅读好习惯开展活动：

① 我们是谁？必须清楚。只有清楚自己的身份，才会投入。

② 为什么要做？必须明确。只有明确目标，才有动力去做。

③ 怎么做？必须规划。只有规划好方向，才能做好。

④ 收获了什么？必须总结。只有总结收获与不足，才将走得更远。

第一，我们是谁？

通过照片，相信大家都能看到，我们和大家一样，都是平凡人。平凡的孩子，平凡的父母，平凡的8个家庭。其中我特别强调的是“父母”，在读书会活动中，我们要求到场陪同的必须是父母一方，当然更鼓励父母双方都参与。但是，绝对不能由爷爷、奶奶或其他人陪同。因为“亲子读书会”中的“亲子”，指定是“父母”。

第二，为什么要做？

俗话说：“陪伴是最长情的告白，更是送给孩子的成长中最珍贵的礼物。”孩子的童年是短暂的，好多家长会在孩子成年后，感慨没有更多地陪伴。所以作为父母，我们更希望通过开展读书会活动，给予孩子更多的陪伴，在孩子的成长过程中，不留遗憾！

古人说“开卷有益”，冰心曾经说过“读书好，好读书，读好书”，高尔基说过“书籍是人类进步的阶梯”，从中我们不难看出读书的重要性。我们希望读书会能够以团队的力量推动孩子们阅读习惯的养成，同时影响家长们的阅读学习。

第三，怎么做？

1. 取会名，定会标，设立宗旨

在三三读书会正式成立前，我们和大多数读书会成员一样展开讨论，各抒己见，做足准备，用心定下会名、会标、宗旨。

会名：三三读书会。第一个“三”，代表我们是(3)班的孩子；第二个“三”，代表“三人行必有我师”，希望我们 8 个家庭可以相互学习，共同进步。

会标：我们要求包含“亲子”“阅读”“三三”这 3 个元素。故图标红色部分，好似一个母亲的侧脸，黄色部分形似一个胚胎，体现“亲子”元素；两个“3”拼在一起，好似一本打开的书，诠释了“阅读”和“三三”两个元素。

宗旨：寓教于乐，伴你成长！让读书成为一生的习惯！

2017 年 9 月 16 日，三三读书会正式成立。成立仪式，我们高度重视，要求服装统一，留下合影。照片中是 9 个家庭，由于家庭自身原因，其中 1 个家庭第一期后，主动退出了，剩余 8 个家庭坚持到现在。

但是，从照片中我感到很惭愧，三三读书会成立时，没有一个爸爸参与。因为我不喜欢强人所难。我认为，强迫别人做事，会适得其反。但我又始终坚信，我们的付出，爸爸们会看在眼里。果不其然，在读书会活动开展过程中，爸爸们从被动替代妈妈参加，到主动参加，到积极参加；从个别参加，到多个参加，到全员参加。这很好地体现了爸爸们对读书会活动的认可。

2. 制定计划，开展活动

麻雀虽小，五脏俱全。三三读书会也建立了一个小工作体系，明确职务，各司其职。职务包括会长、副会长、财务、采购、纪律委员、摄影、编辑。为了更有序地开展活动，每个学期初，我们都会制定新计划：选定共读书目，确定阅读时间，设定室外拓展活动，并统一购置本学期共读书本，统一发放。

目前，三三读书会共开展了 22 期活动(不含复盘)。室内共读 15 期，室外拓展 7 期。室内共读 15 期中，前 3 期我们称作为磨合期，我们经过了精心安排。

第 1 期，共读《一百只蜗牛去旅行》。孩子们坐一起，家长们坐一起，认识团队成员，并磨合。明确孩子和孩子间的组团，家长与家长间的组团。

第 2 期，共读《蛤蟆爷爷的秘诀》。亲子同坐，共读。通过亲子坐一起，共同阅读一本书，共同参与课堂互动，让孩子和家长清楚认识这是一个亲子共读团体。

第 3 期，共读《三只小猪》。孩子和其他家庭父母同坐，让家长亲身感受别人家的孩子，让孩子也亲身感受别人家的家长。我相信，在别人家的家长面前，孩子们可以发挥得更好。

通过前 3 期室内共读的磨合，大家对彼此都有所了解，有了一定的配合度。之后的 4—15 期，活动逐渐步入正轨。孩子同坐，父母同坐，共读，回归到第一期的模式，进行抱团前行。

室内读书会按期开展。在这期间，却有着不一样的闪光点。

“教师”风采。在讲台上的各位讲师，都是我们的家长，没有一个是专业老师。他们文化层次不一样，家庭背景不一样，有的甚至都不会做 PPT。但是，他们用心从头学起，认真准备每一个课件，尽可能给孩子们带来精彩的课堂内容。还有位妈妈挺着大肚子来参加活动，可以看出，我们的家长是多么用心地在陪伴。每一个举动，都让我们深深地知道：不专业的我们，同样可以精彩。

“学生”风采。学校里，课堂上孩子们踊跃举手，积极回答问题的风采，我们只能耳闻，却不能眼见。但是，在读书会的课堂上，孩子们活跃的身影，让每个人清楚地认识到：走出校园的我们，依旧如此出彩。

“伙伴”风采。读书会是一个抱团前行的组织。在这里，我们根据不同书目，设计了不同的合作与实践活动。比如读了《长袜子皮皮》，我们进行了“如果皮皮来到中国，会不会受欢迎？”的团体辩论赛；读了《鲁滨逊漂流记》，我们在户外合作尝试了钻木取火；读了《假如给我三天光明》，我们设计了“盲人摸物”的体验活动；等等。在特别的课程中，我们领略到了彼此的风采，更以“读”推“行”。

3. 定期复盘，不断改进

为了使三三读书会更好地走下去，每学期我们都会进行复盘活动，回顾、总结上学期读书会活动，改进、制定下学期读书会活动计划，力争设计出适合“三三大家庭”的方案。

第四，收获了什么？

孩子们热爱每一期活动，总是在欢声笑语中度过，依依不舍地分开。他们收获了小伙伴之间的友谊，当小伙伴受挫或伤心时，他们会相互帮助，相互鼓励，共同进退。他们也收获了与家长间的友谊，在活动中，彼此平等，为了同一目标一起奋斗。读书会以阅读为基础，又以“行”促“读”，孩子们积累了知识，提升了技能，也变得更加自信，爱哭的不哭了，不敢开口的说起来滔滔不绝了……

家长们用心参与每一期活动，照片中的笑容，很好地诠释了他们的快乐。通过读书会这个团体，家长们收获了与其他家长的友谊，他们相互学习，相互鼓励，在亲子陪伴的道路上共同成长。家长们也收获了与孩子们的友谊，放慢脚步，蹲下身子，亲身融入孩子的世界，让彼此拥有了共同的快乐。俗话说，“活到老，学到老”，为了办好读书会，家长们更是勤学苦练，十八般武艺样样学一遍，增长知识，提高技能，自信也不断提升。

对于小家庭来说，三三读书会也使得亲子关系、夫妻关系得到不同程度的提升。小家庭遇到问题，大家群策群力，相互分析，相互开导，相互帮忙，最终使问题柔和解决，使家庭关系更加和睦。三三读书会的8个家庭的默契，已经把“三三”上升为一个大家庭。我们经常集体聚餐，集体过生日；在“家人”们面前，我们也毫不拘束，大胆表达，有爱就大声说出来。

有付出，就有收获。用真心，就有进步。在三三读书会成长的道路上，我们特别要感谢两个贵人——丁月华老师和汤钧老师。作为班主任，当我们犹豫不决时，丁月华老师“临门一脚”，把我们“踢”上了读书会这条道路。在我们彷徨迷茫时，丁月华老师一路鼓励我们前行。那句“不管怎样，哪怕两个礼拜做一次读书会活动，甚至一个月做一次读书会活动，为了孩子们，你们也一定要坚持下去！”作为读书会负责人的汤钧老师，更是从学校层面，高度重视每一个读书会，包括我们三三读书会。只要读书会有困难、有需求，他一定第一时间来帮忙，来解决。对于读书会的健康发展，汤老师更是不断鞭策，促使三三读书会在内的每个读书会都能健康成长。

最后，一段优美的文字送给大家，一起共勉！

人类的进步日新月异，
书籍伴着我们扶摇直上。
珍贵的典籍打造成阶梯，
使我们告别混沌，
迎接曙光！
成功令我们无比神往，
鲜花和掌声无上荣光，
无声的老师曾朝夕相伴，
书籍是我们通向成功的桥梁！

第九章　人人羡慕的好习惯家庭

第一节　一个好习惯学生:杨悦怿同学的学习方法分享

杨悦怿同学是玉峰实验学校2019届小学毕业生,是我们学校的小学霸。曾经因为在昆山市的首届诗词大会上笔试满分被誉为"昆山的武亦姝",也曾经因代表苏州参加江苏省信息技术应用能力比赛获小学组第一名而惊动整个昆山。

让我们一起来听学习好习惯学生代表杨悦怿同学的自述:

我成长在一个书香家庭,在日常的学习中,父母的言传身教给了我很多先期的家庭教育,并让我逐渐地爱上了阅读,如今阅读已是我课余生活中不可或缺的一部分。书是我智慧的源泉,是我快乐的伙伴。从童话故事到历史读本,从探险小说到人物传记……,我从中汲取了丰厚的养分,体会着阅读的喜悦,感悟着人生的哲理,我的人格和品质也得到了提升。

"积土而为山,积水而为海。"通过勤奋刻苦和善思好问,我具备了广博的知识,培养了良好的学习习惯和科学的学习方法,加之持之以恒的学习态度,这些都是我能够出类拔萃的基础。记得在读王国维的《人间词话》一书时,书中有段为世人常常引用的名言让我记忆犹新。王先生说古今之成大事业大学问者,必须经过三境界:"昨夜西风凋碧树。独上高楼,望尽天涯路。"此第一境界也。"衣带渐宽终不悔,为伊消得人憔悴。"此第二境界也。"众里寻他千百度,蓦然回首,那人却在,灯火阑珊处。"此第三境界也。第一境界说的是要有信心,独上高楼,非信心不可;第二境界说的是要有决心,"终不悔"实在是最大之决心了;第三境界则说的是要有恒心,众里寻他千百度,没有恒心,如何达得到? 从这三句话里我深刻地体会到了读书学习的科学途径。

要提高学习效率,做到科学地学习,我归纳了一下我的学习方法,大致有以下几点:

1. 做好课前预习

课前预习对于学习新的知识十分重要,它是我学习中重要的一环。如果你上课之前对即将要学的内容进行预习,则有利于提高你的学习能力和养成自学的习惯。我在预习过程中,一般会采用边阅读边思考的方法,把课本中内容的重点都画出来或标上记号,找出不理解的地方,最后确定听课时要解决的问题,这样等到上课时便可以提高听课的效率了。此外预习看完书后，我们最好能合上课本，独立回忆一遍，强化记忆，及时检查预习的效果。预习抓得扎实，便可以大大提高学习效率。

2. 上课认真听讲

上课是我们学生在学校学习的基本形式，我们在校的大部分时间都是在课堂上度过的，所以如何对待每一堂课就非常关键。要取得较好的成绩，首先就必须利用好课堂上的每一分钟，提高听课效率。我在上课前会做好课前准备，集中注意力尽快进入学习状态，参与课堂内和老师的学习互动。然后我会仔细地理解，多动脑子去思考并且认真做好笔记，记住老师的重要讲解。听课时要集中注意力，使自己的思维紧紧跟上老师的讲课节奏，一方面要理解老师讲的内容，思考或者回答老师的问题，另一方面还要辨别哪些自己听不懂，并敢于提出自己的看法。

3. 课后及时复习

课后我会及时地复习课本，抓住上课时老师讲解的基本内容和要点尝试回忆，独立地把老师上课的内容回想一遍，养成勤思考的好习惯。同时整理笔记，边阅读边回忆听课内容，对学习的问题务必做到理解和掌握，如果有问题经过长时间思考，还得不到解决，我就会去请教老师或同学，由此形成学习上的良性循环。我把复习当作是预习和上课的继续，它将完成预习和上课所没有完成的任务，通过归纳、整理使上课时学到的知识真正被消化吸收。课后做些练习也可以加深对学习的理解和运用，我觉得课后多做做练习是十分重要的。

此外我觉得在平日里的读书学习中，只学课本上的知识是远远不够的，还需更多的课外知识的积累和补充才能使自己视野更加开阔，走得更远。学习之外我热爱阅读，勤阅读已经成为了我生活密不可分的一部分。每每读起一本有价值有意义的书，我都会爱不释手，细细地感受书中的道理。“初读好书，如获良友；重读好书，如逢故知。”我家有两个房间摆满了爸爸妈妈和我的藏书，几乎快成了一个小型图书馆，这样就方便我接触到各种种类和内容的课外书籍。我爸爸平时也经常去参加他们朋友间的读书活动，有时还会带我一起去参加朗读经典书籍、聆听专家讲座等活动，让我多开眼界，多长见识。每到 4 月 23 日的读书节，爸爸还会带我一起去参加诵读演出和分享会，让我在实践中体会真知。

“读万卷书，行万里路。”我的快速成长光靠看书学习是远远不够的，还需要亲身去体验、去感知，才能学得更多。我的父母每年都会带我出去参观旅游，我跟着他们积极地走出去拓展自己的见识，用心感悟这个世界的美好。但我们出门选择的大多不是那绚丽的风景名胜，而是那见证中华文明历史文化的各类博物馆，通过对不同地域、不同历史、不同年代的各类博物馆的深入参观，我见识了我们中华文明上下五千年深厚的历史文化，在掌握了更多历史知识的同时也增强了对中华文化的热爱。

以上就是我的一些学习心得，希望对大家的学习有所帮助。

第二节　亲子公益好习惯养成:学会爱·分享爱

关于公益,有朋友说,没有时间做不了公益;也有朋友说,没有钱怎么献爱心。其实,公益并不难,做公益并不是要你为别人做多大的事,解决多大的难题,而是需要你的参与和关注,哪怕一句鼓励、一个拥抱、一次安慰,把你的爱心和温暖传递到受助人手里,这就是公益。做公益是一种给予别人关怀,而自己内心感到快乐的奉献行为,爱心不分大小,也没有时间限制。志愿者正是在帮助他人的过程中,也帮助了自己、提升了自己。公益是小爱变成大爱的升华,有爱的孩子会感觉更幸福,关心社会的孩子心胸也更开阔,我们的社会会因为有更多有社会情怀的孩子而更加良性发展。

——李梅家长

一、为什么要带着孩子做公益

1. 公益活动对孩子成长的意义与重要性

随着经济的飞速发展,社会文明程度不断提高,昆山的公益事业方兴未艾。我参加公益事业至今已有二十多年,一路走来,我感受到了爱的需求与温暖,明白了爱的付出与意义,我也希望爱的火种能代代相传。

我和天下所有的父母一样,都希望自己的孩子是一个坦率、真诚、聪慧、开朗、知晓轻重、懂得感恩的孩子。反之,我也害怕孩子变成不懂感恩、不知敬畏、自私自利的人。我的父母从小就教导我要力所能及地帮助别人,所以我也从小培养孩子学会感恩、爱分享,这不仅是一种礼仪,更是一种健康的心态,积极向上,传递正能量,更利于孩子树立正确的价值观和人生观。

我带着女儿从小开始参加各种各样的公益活动,让孩子在公益活动当中了解到生活的艰辛与不易,知道这个世界上还有很多生活在贫穷或困苦中的人,他们需要帮助和关怀,但不是简单的同情和给予,而是用爱和温暖真心实意地帮助他们,让他们看到希望并追求属于自己的梦想。通过这样的实践活动让孩子懂得分享和关爱的正确方式,使爱的甘霖真正滋润她的心灵。

2. 公益活动对父母提升的价值

为人父母,便是子女表率。做一个合格的父母是给孩子最好的礼物。我们家里的每一个成员都用自己的行动告诉孩子,要爱家人和朋友,要懂得感恩,要力所能及地帮助别人,成为对社会对他人有用的人。通过公益活动,家长获得了自我价值的认可感,同时把满满的正能量,传递给身边更多的人,真正成为孩子成长中的榜样!

志愿服务首先是对自我的一种提升,也是让自我得到拯救的一种方式。我见过很多人,当他沉迷在自我的世界里走不出去的时候,会抑郁悲观,但是当他把心打开,开始帮助别人、走向社会的时候，最后他自己得以拯救。请问谁是志愿服务的最大获益者？其实最大的获益者是自己，通过帮助天下而让自己走进天下。

3. 公益活动对亲子关系与家庭氛围建设的意义

参加公益活动，可以使家庭成员之间的关系更加融洽，彼此更加爱护和关怀，从而增加家庭成员的幸福感。

二、我们家是怎么做的

爱心培养是一个长期的过程，可以在孩子不同年龄段，带孩子参加多种多样的公益活动，让助人为乐成为一种习惯，让分享爱成为一种常态。

1. 一二年级，从身边的小事做起

(1) 从一年级开始，我就让孩子每天存一元零花钱，每年“六一”的时候给西部地区的小朋友购买儿童节礼物，让孩子养成节俭的好习惯。

(2) 每个学期下来，家里都会有很多闲置的图书、玩具、衣物，我们全家一起整理打包寄给山区学校，让孩子懂得低碳环保不浪费。

(3) 我从小就教育孩子要关爱家人，与同伴和睦相处，能够力所能及地帮助别人。所以我女儿性格开朗，很会照顾别人，也养成了乐于助人的好习惯。

2. 三四年级，家乡因为我的参与更精彩

(1) 我是昆山市“周火生希望工程”志愿者协会的一名成员，我让孩子也积极参与其组织的一些活动，如各种图书和玫瑰花义卖活动等。

(2) 我利用重大节日(如重阳节等)开展爱心活动，带着孩子和昆山各界志愿者一起去养老院慰问老人，除了发放节日礼品，女儿还用自己所学为老人们表演昆曲。

(3) 昆山的几所学校中有好几个白血病儿童，我带领孩子给这些白血病儿童捐赠物资、筹集爱心款，并且呼吁更多的人一起来帮助这些家庭。女儿把参加义卖买的六箱爱心水果带到班级与小朋友们一起分享。去年圣诞节女儿还把比赛得来的奖品送给一个与病魔做斗争的小朋友，鼓励他早日康复重返校园。

3. 五六年级，我的祖国我的家

(1) 除了力所能及地帮助身边的人，我还带孩子奔赴贫困地区参加助学活动。如：与青海小朋友共度“六一”；与藏族小朋友一起吃青稞面；与土族小朋友一起读英语书；等等。

(2) 带动班级同学与吉林延边的小朋友对接捐赠图书，捐赠时，每个人把最美好的祝愿都写在书本上，传递温暖。

(3) 台湾地区地震，女儿二话不说，把压岁钱转交给台湾的朋友捐款。

4. 家家都有爱，处处都温暖

(1) 我在 2010 年发起了“蒲公英计划”公益项目，致力于关爱西部留守儿童，家人和朋友们都非常支持我，让我把小爱变成大爱，从一家带动千万家。

我还发动学校一起参与“蒲公英计划”，让同学们把家里闲置的图书、玩具、衣物，打包整理送到西部地区，让更多的家庭一起来关爱西部留守儿童。我身边越来越多的人，认识的不认识的也都一起加入这个公益计划。

结合生活圈周围的情况，主动发现活动源，比如联系残联，对接学校组织家长和孩子还有身边的朋友们，一起手拉手参观气象局还有采摘草莓等活动。只要有空余时间，哪里有公益活动我和我的朋友们都会积极参与。一个人变成一群人，从我做起，引导更多的家庭来参与公益活动。

生活中处处都可以发现爱，传递爱。有一次我接孩子放学坐公交车回家，半路上上来一个孕妇，看样子怀孕已经有六七个月了。公交车非常拥挤没有空余座位，喊了也没有人让座，于是我和女儿用手护着孕妇为她形成一个圈，并提醒后边上来的乘客注意孕妇的安全，就这样一直护着直到孕妇下车。女儿回家后告诉我，她很高兴保护了小宝宝。还有一次我先生送孩子去跳舞，过了一会儿他打电话给我，告诉我他刚刚救了一个小孩，万分惊险，一个孩子被电梯夹住了脚，先生急中生智飞快地按了电梯的急停，并实施了援救。也许只是付出那么一点点，但是正因为我们的付出也许可以帮助很多很多的人，给他们送去温暖，甚至挽救生命。

总之，公益活动需要付出真心，倾注热情，努力营造活跃的公益氛围，由内而外地散发正能量。

三、在实践过程中发现的问题和解决的方法

当然，在我们的公益实践活动中，还存在许多不尽如人意的地方。以下列举几种情况，共同探讨。

1. 家人观念不一致怎么办？

能够获得家人的理解和支持是非常重要的。首先要告诉家人，这是好事，既帮助别人，也快乐自己，这是高尚的事情，是值得骄傲的事情。要鼓励孩子学会爱和感恩，可以从家庭日常活动做起，比如陪家里的老人说说话，对爸爸妈妈说一句辛苦了，力所能及地承担一些家务劳动，经常给老家的爷爷奶奶打打电话等，这都是爱的表现。再把这种小爱变成大爱，分享给别人，让公益活动由家庭出发向外延伸。

2. 孩子不愿意参与怎么办？

青少年时期是人生成长的关键阶段，具有极强的可塑性，是优秀品质、良好行为习惯和价值观形成的重要阶段。鼓励孩子参与公益活动，首先要让孩子认识到公益的重要性。可以组织孩子观看公益视频和图片，感染他们，唤醒孩子内心的激情，从而引导孩子主动去帮助别人。

3. 没有资源，找不到公益项目怎么办？

可以从身边开始，关注学校和社会公益团体，注意一些活动的报名时间。引导孩子参加一些适合自己的公益活动，如在班级帮助有需要的同学，在社区打扫环境卫生、为

孤寡老人做好事，还有爱心义卖，帮困助学等等，哪怕是捡起地上的一个垃圾，劝导别人不要闯红灯，也都是公益行为。

4. 孩子高年级学习任务重，没有时间怎么办？

培养孩子良好的学习习惯，及时自觉地完成课业任务；根据孩子兴趣特长，合理安排课外辅导活动，切忌贪多；每周留有一定的机动时间，引导孩子以家庭为起点，从自己身边小事做起，再到学校，最后投身社区参加一些社会公益活动。

5. 做公益，被别人误解怎么办？

保持正确的世界观、人生观、价值观，不忘初心，不怕嘲讽，做对的事，认真地做，坚持着做，良好的心态是可以面对任何打击和挫折的。尽管我们做的都是一些平凡的小事，但我们并不觉得它们比其他的事情要缺少价值，踏踏实实做好手中的每一件事情，是我们每个人的初心！

感恩永远都不止是说说而已。我们承了他人的恩情，在说出"谢谢你，给了我莫大的勇气"的同时，愿意去帮助更多的人，让越来越多的人感受到曾经感动过我们的温暖。一块砖叫砖，当我们把无数的砖堆砌起来，那就是房子，那就是家；一分爱叫爱，当我们把无数的爱和奉献堆砌起来，那就是希望，就是曙光。

附录：相关的项目研究报告

1. 江苏省品格提升工程项目结项报告

养成好习惯　提升好品格
——“小学生好习惯养成的实践”结项报告

昆山市玉峰实验学校教育集团

昆山市玉峰实验学校创办于2001年，曾是一所公办民营名校，2013年转为公办教育局直属小学，2019年成立玉峰教育集团，由玉峰核心校和3所乡镇小学组成，系昆山市紧密型集团化办学模式学校。共有154个教学班，7639名学生，438名编内教师。有省级以上内涵建设项目和规划办课题6项。“小学生好习惯养成的实践”品格提升工程项目是2019年1月立项的集团内涵建设项目之一。

一、背景与内涵

1. 背景

2013年5月4日，时任苏州市教育局局长、江苏省叶圣陶教育思想研究所所长顾月华，在全市青年教师大会上做了题为“像叶圣陶那样做老师”的演讲，苏州各学校均开启了新时代背景下叶圣陶教育思想的深化研究与实践。玉峰实验学校的研究项目是“每月一事：教给学生一生有用的好习惯”。

该项目的理论依据来自叶圣陶的教育思想。叶老认为：“教育是什么？往简单方面说，只需一句话，就是要养成良好的习惯。德育方面，要养成待人接物和对待工作的良好习惯；智育方面，要养成寻求知识和熟习技能的良好习惯；体育方面，要养成保护健康和促进健康的良好习惯。咱们社会主义社会的教育，就是要使学生养成在社会主义社会里生活的一切良好习惯。”

该项目的实践依据来自朱永新教授的新教育实验。2002年，玉峰成为全国第一家新教育实验挂牌学校。新教育实验十大行动之一就是“习惯养成教育”。十多年来，玉峰学生读写习惯好，每一届毕业生在苏州市“新初一9.3摸底考试”中，语文成绩都遥遥领先，学校于2017年被评为“江苏省书香校园建设示范点”；玉峰学生运动习惯好，学校于2015年被确认为江苏省“十三五”学生体质健康监测点校,学生体质健康监测优秀率于2020年已达68.6%。

同时玉峰实验学校师资力量雄厚,科研能力强,8人次获省教学成果评选一、二等奖。2018年7月,江苏省小学思品特级教师朱小敏任玉峰实验学校校长,朱校长是2014年、2018年国家级教学成果评选二等奖获得者。她带领玉峰全体师生于2019年1月,以“小学生好习惯养成的实践”为题,参加了省级品格提升工程项目选拔,获通过立项。

2. 内涵

“小学生好习惯养成的实践”品格提升工程项目,旨在通过学校、社会、家庭的协同努力,以立德树人为根本,对小学生必须养成的一生有用的好习惯进行体系化梳理。引导学生自觉地持之以恒地学习和实践,将蕴涵人类和民族文化精华与内在价值的行为方式化为自己的习惯。探索养成规律,形成可复制、可迁移、可推广的好习惯养成有效路径。

二、实践与创新

两年来,全校学生、教师、家长全员参与该项目研究。成立了“小学生好习惯养成实践工作室”,在南京师范大学、华东师范大学、江苏理工学院相关专家指导下,完成了以下研究。

1. 构建了小学生好习惯养成的目标内容体系

习近平总书记在谈到立德树人时,强调“养小德才能成大德”,少年儿童要从小做起,养成好思想、好品德。2018年9月12日,习总书记在全国教育大会上发表重要讲话,谈到育人目标时,强调“培养德智体美劳全面发展的社会主义建设者和接班人”,指导我们在新时期重塑全面育人的教育观、全面发展的质量关、德才兼备的人才观。

小学生好习惯养成目标内容的构建既要具有历史的继承性,又要与时俱进,反映时代的新问题,体现时代的新要求,着眼时代的新发展。我们对新时代小学生好习惯养成目标内容,进行新的思考,梳理出层次化、细目化的好习惯养成目标内容。即以“好习惯提升好品格”为核心,养成五大好习惯:道德行为好习惯,爱国、诚信、友善;学习好习惯,好学、善思、探究;健康好习惯,锻炼、卫生、乐观;审美好习惯,尚美、鉴赏、表现;劳动好习惯,自理、勤劳、创造。(图1)

图1 小学生好习惯养成“目标内容”模型

2. 开发了小学生好习惯养成的教育资源

好习惯养成没有现成的教材,根据学生的生活场域:学校、社会、家庭开发教育资源是达成习惯养成目标的重点。我们从以下4个方面入手开发好习惯养成的教育资源,即课程资源、活动资源、环境资源、家庭与社区资源。(图2)

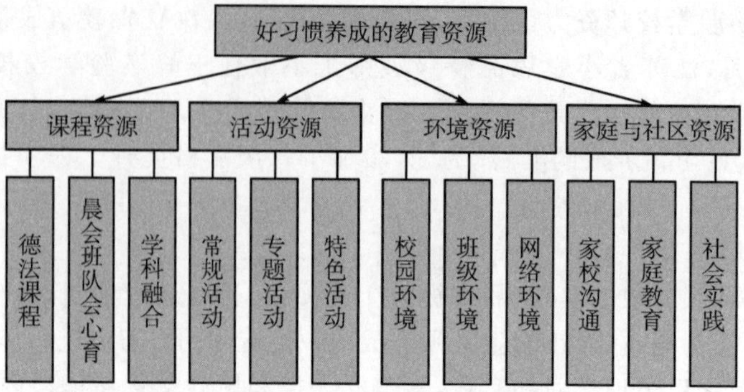

图2 小学生好习惯养成教育资源模型

以学习好习惯养成为例——

课程安排:小敏校长讲习惯、德法班会专题课、学科渗透。

主题活动:数学节、科技节。

环境:数学小报墙、数学家的故事廊、数学科技小制作展等。

家庭与社区:新父母大讲堂、亲子共读交流会等。

就资源开发该项目还有一个创新点——打破传统的单一课时制度。

我们改变了传统小学每节课40分钟课时制度,实施长短课时有机结合的弹性化时间制度,分别按照微型课(15分钟晨会)、小课时(30分钟心理健康教育)、中课时(45分钟班队会)和大课时(60分钟活动课)等不同时间长度灵活安排。学校在统一安排课程计划和课表的同时,给学年组、学科组一定的自主权,每学期将好习惯养成的学期课时计划上报到学校教务处,学校根据各学年组要求进行统一调配,以保证好习惯养成教育的课时。

3. 拓展了小学生好习惯养成的实施路径

我们以学校和家庭为核心,构建体现养成教育规律和学生主体作用的育人课堂,以及适合小学生好习惯养成需要和特点的校内外活动和学校、家庭、社会合作的育人方式。主要路径有3条:

(1) 融入儿童日常生活养成好习惯。

好习惯养成必须融入学生一日生活、一日学习,才能实现学生的自我教育,才能习惯成自然。如劳动习惯养成,我们按一至六年级阶梯式设计实践性活动,提供给学生多样化的体验平台。同时进一步整合学校日常规范、主题活动、特色课程、家校合作项目等,使习惯养成教育与学校常规管理、家庭日常生活等融为一体。

(2) 无缝嵌入校外时空养成好习惯。

除了每年两个学期的学习期有系列习惯养成教育内容外,还设计有寒暑假好习惯养成“三健作业”,即重在养成小学生“健康的阅读习惯、健康的行为习惯、健康的锻炼习惯”的校本寒暑假作业。

主要内容安排是:班级备忘、亲子共读、亲子厨房、亲子游学、亲子创新、亲子公益等。该校本“三健作业”深受每一个学生和家长的喜欢,学生和家长一起阅读、进行亲子活动、积极锻炼,收获着好习惯带来的幸福而完整的教育生活。

(3) 主题引导式养成好习惯。

即一个月聚焦一个习惯养成主题,从 5 个方面做好顶层设计方案,在师生活动中,在家校合作中,全面落实助推学生的好习惯养成。

① 主题要求——让良好习惯目标明确。

每个月的习惯养成活动,各年级根据细化的目标,结合调查统计的学生习惯现状,确定养成要求、训练要点。主题要求为孩子的习惯养成明确了目标,让习惯养成能够有效实施。

② 主题发布——让良好习惯形成氛围。

每个好习惯养成课程开启的第一天,通过“小敏校长讲习惯”微课播放,让全校师生、家长周知某一个好习惯养成的重要性、学校安排、课程设计、评价要点等,形成好习惯养成全覆盖的校园氛围。

③ 主题阅读——让良好习惯根植心灵。

选择与主题相关的诗词、美文等,按年段进行阶梯式编稿。建立“晨诵、午读”的长效机制,借助阅读为孩子的习惯养成奠定知识和情感基础,让良好习惯根植心灵。

④ 主题课程——让良好习惯浸润课堂。

主题教育活动课程。一个月一个主题,以人人参与的活动实践为内容的教育课程。

学科单元学习课程。每个学科一单元课程教学结束后,最后一课创造性设计一课时的好习惯养成教学内容。

家庭自修课程。这是一种同学、教师不在身边,甚至家长也不在身边时的自我践行,如阅读、锻炼等。

⑤ 主题展示——让良好习惯随处呈现。

将培养良好习惯过程中的学生实践活动照片、画作、小报、卡片、实物作品等采用丰富多彩的形式展示,让良好习惯随处呈现。

4. 探索了小学生好习惯养成的教育评价

好习惯养成的评价不能量化,只能看行为表现。根据各习惯养成主题,我们的评价有学生的养成日记、教师的养成手记以及各种创意评价。如阅读好习惯的“读书等身”评价,每个学期,每个学生与读过的书垒在一起拍张照上传即可,一学期一张,六年 12 张照片,就形象地记录了学生的阅读量,学生都把其收藏留作纪念。还有与小敏校长合影评价等,深受学生喜欢。

5. 完善了小学生好习惯养成的物质载体

好习惯养成实践过程中，我们建设了家校牵手园、好习惯长廊等，让校园成为小学生好习惯练习、共进和呈现的第二个家园。

6. 建设了小学生好习惯养成的导师队伍

以玉峰实验学校教育集团为基地校，我们成立了苏州市小学德法名师共同体成员学校和昆山市小学德法名师工作室成员学校共同参与、各有任务分工和具有创新特色的项目学校联盟。建立起一支小学生好习惯养成的导师队伍，形成有创造力的育人团队。

三、成效与范式

1. 弥补了小学德育在学生好习惯养成训练上的不足

我们建构的5个好习惯养成目标内容和开发的以培养好习惯为主的系列课程资源，使小学德育内容从“大而空”变为“小而实”，从灌输变为体验，从说教变为行动，真正弥补了小学德育在学生好习惯养成训练上的不足。

2. 形成了小学生好习惯养成的有效实践范式并推广实施

(1) 导向多元发展范式。我们的项目是基于玉峰核心校的集体项目。各成员校填写《参与品格提升工程项目意向书》，并根据学校原有基础，继续培植和发展，形成习惯养成导向多元的发展范式。玉峰核心校是德智体美劳全面推进的“全习惯”养成模式；高科园小学是以学习好习惯养成为重点的思辨笃行模式；震川小学是以劳动好习惯养成为重点的“生活小达人”训练模式等。

(2) 课题攻关范式。信义小学等学校，联合申报了省“十三五”2020年度课题《指向品格提升的小学生好习惯养成实践探索》，已经立项，并于2020年5月入选苏州市中小学德育工作优秀研究成果。其他学校均申报了苏州市级相应课题。

(3) 家校合作范式。凝聚家校共育的内生力量，如参与品格提升工程校均做到一个班级一个家长组织的读书会，养成阅读好习惯。学生从被动接受到积极参与、主体践行。

3. 有效养成小学生的好习惯进而提升学生的好品格

我们以5个好习惯为基础，从未来社会所需要的合格公民素养层面进行整体设计和实施，让小学生在一个个好习惯的养成过程中形成好品格。如在阅读中涵养知识和情感，在课程中浸润洗礼心灵，在实践训练中强化行为，在展示中显示德行，在反思中提炼升华智慧等。

该项目在2020年5月获评苏州市中小学德育工作优秀教学研究成果奖，辐射学校上百所。“小敏校长讲习惯”课程100集，入选“中国梦——行动有我”2020年全国中小学校本德育课程与教育案例征集展播。

四、思考与展望

1. 将相关课程资源整理成册,印制后在成员校继续推广实践,加以验证,根据问题反馈,修订项目实施内容,使之更加具有科学性。

2. 整理过程性评价资料,完善评价内容、评价体系。

3. 出版《养成好习惯提升好品格》一书。

我们坚信,多一个好习惯,心中就多一份自信;多一个好习惯,人生就多一份成功的机会;多一个好习惯,生命就多一份享受美好生活的能力。养成良好习惯,提升学生品格,我们期待培养出更多的好习惯学生!

2. 江苏省规划办“十三五”2020 年度重点课题开题报告

江苏省教育科学规划课题
开 题 报 告

一、课题名称

本课题是江苏省教育科学“十三五”规划 2020 年度叶圣陶教育思想研究专项课题，课题名称:《指向品格提升的小学生好习惯养成实践探索》,主持人:许蕴霞、朱小敏。课题编号:YZ—c/2020/23。

二、相关概念界定

品格:

《现代汉语词典:汉英双语》(2002 年版)将“品格”解释为“品性,品行”,而其中,对“品性”,解释为“品质性格”,“品行”解释为“有关道德的行为”。

根据复旦博士蔡春的博士学位论文《德性与品格教育论》相关文献梳理:品格在古希腊伦理学中可以称为“德性”,是指一个人在生活实践中因一定的生活习惯或方式养成的稳定的个性品质。德性是一种品性,品格是一种符合道德标准的品性,是德性的正面表现。从心理学角度,品格可视为性格,一般指人对现实的态度和行为方式中的比较稳定的、具有核心意义的个性心理特征。但从道德心理学的视角来看,品格主要是指人的个性心理中那些积极健康的特征,是道德认知、情感、动机、行为等多种道德心理成分在个体身上的稳定表现,是人格的道德维度,是道德教育要着力培养的一个重要方面。从教育学角度,品格是指体现了一定道德规范(如核心价值和美德),内在于个体的,包含了认知、情感和意志成分的道德习惯。

因而,要想给品格下一个完整而精准的定义有点难度。但“品格”这个词无疑包含了以下因素:与道德密切相关,涵盖许多人间美德;反映出人的本性和特质,体现了人的素质和品位;是良心和德行之间的纽带,具有相对的稳定性。因此,品格也就与人的道德修养程度唇齿相依,反映出一个人的品行道德与风格。人性中的真善美,都将体现在高尚的品格之中,外在的品格表现,即是人内心的真实写照。

由此,可认为:“品格”就是人在和外界相互作用用时,稳定地支配着自己的行动和态度的内在的精神和道德品性

好习惯:

《现代汉语词典》对“习惯”一词的解释:“常常接触某种新的情况而逐渐适应;在长时期里逐渐养成的、一时不容易改变的行为、倾向或社会风尚。”不难看出,习惯具有个

体和社会群体两个层面的意义,从个体层面来看,习惯是个体后天习得的自动化了的动作、反应倾向和行为方式,它是条件反射在个体身上的积淀。从社会群层面看,习惯是人们在长期的生活中形成的共同的、相对稳定的行为方式和反应倾向。

我国著名儿童心理学家朱智贤教授认为,习惯是人在一定情境下自动化地去进行某种动作的需要和倾向。例如,儿童养成在饭前、便后或游戏后一定要洗手的习惯后,完成这种动作已成为他们的需要。他指出,习惯形成就是指长期养成的不易改变的行为方式。习惯形成是学习的结果,是对习惯要求的建立、巩固并臻至自动化的结果。

按习惯的价值,习惯可分为好习惯和不良习惯。凡是对人的学习、工作和生活等起到积极作用,体现优良传统与时代精神,适应人的正常需要,且对人具有正向价值的相对稳定的行为方式就是好习惯。

品格提升与好习惯养成的关系:

"品格提升"概念来源于省教育厅基础教育内涵建设项目之一"江苏省品格提升工程"。"养成良好习惯"是我国近代著名教育家叶圣陶先生的重要教育思想。他指出:"教育是什么,往简单方面说,只需一句话,就是养成良好的习惯。""好习惯养成"与"学生品格提升"具有内在的必然联系。因为学生的品格,不是天生就有或者纯粹内生的,而是通过引导学生在学习和实践中自觉地将社会高尚的价值理想和合理的道德规范转化为自己的思想行为,逐步养成习惯,从而得到培育、锤炼和提升的。因此,"好习惯养成"的教育过程,实质上就是在学校和教师引导下基于主体行为实践的学生品格自我培育、锤炼和提升过程。

指向品格提升的小学生好习惯养成实践探索:

旨在通过学校、社会、家庭的协同努力,以立德树人为根本,对小学生必须养成的一生有用的基本的好习惯进行体系化梳理,探索养成规律,形成可复制、可迁移、可推广的好习惯养成有效路径,使更多的小学生"养成好习惯","提升好品格"。

三、课题研究现状及价值

1. 研究现状

在国外,近年来有关养成好习惯的研究比较成熟的有:日本大原敬子的《培养优秀孩子的秘诀从生活习惯开始》、美国柯维家族的《七个好习惯培养优秀学生》等,均产生了一些影响广泛的理论成果。但这些研究基本侧重于学生生活习惯等某一个方面,对学生全面的好习惯养成的研究还不多见。

我国自 2000 年以来,每年以"蓝皮书"的形式发布中国少年儿童状况的年度报告,为我们进行学生好习惯养成教育研究提供了大量翔实的资料。但多年来的实践也证明,仅进行理论研究,对于克服过于注重说教以及"高大全"等德育现象是没有作用的,对于广大学生而言,素质教育的成功实施离不开一系列具体素质的培养,其中的一个极为重要的方面就是让学生在成长过程中养成一系列做人、做事、学习等方面的良好习惯。

但由于长期受应试教育的影响，就我国目前中小学教育的实际看，在德育中，不仅忽视学生好习惯的养成，而且这方面的教育也是不规范的。它既没有切实可行的教育内容，也没有形成有效的教育方法和途径。

2. 研究价值

(1) 养成良好习惯，是学生健康发展、可持续发展和终身发展的基础。中国是一个有着五千年文明史的古国，我国的养成教育可谓源远流长，我国古代伟大的教育家孔子提出："少成若天性，习惯成自然。"对后世养成教育产生了深远的影响。叶圣陶指出："要培养学生在社会主义社会里生活的一切良好习惯。"也就是整个人生各方面的习惯。著名教育家陈鹤琴认为，习惯贵在从小培养，他指出："教育一个人要从小就注意，讲话怎样讲，批评怎样批评，做人的态度，对人的礼貌，以及一切的一切都要从小养成。做人一定要从小就加以训练，养成种种优良的习惯和态度，在小孩子时代已经受了良好的教育，到青年的时候，自然可以减少许多问题。""慎始则善终"，这是必然的结果。由此可见，良好习惯养成教育是管孩子一辈子的教育。培养一代青少年从小养成良好的习惯，是保证他健康发展、可持续发展和终身发展的基础。

(2) 养成良好习惯，是落实核心素养的时代要求。中国对学生发展核心素养有自己的界定："主要指学生应具备的，能够适应终身发展和社会发展需要的必备品格和关键能力。"这是学生发展核心素养的中国表达，表明了中国立场。"必备品格"与"关键能力"是一个极具理论与实践张力的结构，彰显的是崇高的道德价值。

习惯与素养是近亲。因为习惯与素养，都与习得有关。素养是一个人知识、能力、道德、情感、态度、价值观等的总和，是人依靠后天的学习、实践、训练而形成的。习惯养成也是指一系列的习得行动，习惯是呈现素养的方式。一个人所有的稳定素养，都会通过习得的方法，以习惯体现，所有的核心素养则必然因为习得，通过各种习惯体现。素养多指内涵，存于内在；习惯多指方法，容易外显。

另外从核心素养基本内容来看，我们不难看出，核心素养强调的个人修养、社会关爱和家国情怀，注重的自主发展、合作参与和创新实践，在习惯养成中都能得到很好的体现。"养成良好习惯"项目研究，可以为核心素养的落实提供行动路径。因为，一方面，所有稳定的素养，尤其是核心素养，必然会通过习惯，以思维或行动的方式外显。另一方面，习惯是形成素养的主要方式，是形成核心素养的必然方式，核心素养必然通过习惯加以夯实。

(3) 养成良好习惯，是解决当下学生实际问题的必需。当前，就普遍的学生状况来说，他们的道德行为习惯、学习习惯、卫生健身习惯的现状是不能令人满意的。造成这种状况的原因是多方面的，有家庭、社会等外来的不良影响，但更重要的是我们教育自身存在的问题。如，我们德育工作调子很高，但脱离学生的实际；有的教育活动只重形式，不求实效；还有我们对养成良好习惯教育在落实素质教育中所起的作用认识不足等原因。对我国青少年德育工作进行深入的反思,我们不难发现,其中一个重要的弊端就是,不从日常生活中的细节开始,忽视基本的良好习惯培养,脱离广大青少年生活实际,不遵循他们身心发展的特点。

本课题力图通过德智体美劳五个方面的好习惯养成,构建起"国家课程能渗透、活动课程接童气"等相互作用、多元互动的好习惯养成课程体系,实现"认知启德、体验立德、文化冶德"的目的,将学生培养成"有德行、爱学习、身体健、懂审美、会劳动"的全面发展小学生。

四、课题研究的目标、内容及重点

1. 研究目标

(1) 引导和帮助小学生养成德智体美劳好习惯,促进小学生全面发展,提升好品格,为他们的人生发展打好基础。

(2) 借鉴叶圣陶"养成良好习惯"教育思想,进一步探索新时代落实立德树人的育人新模式。

2. 研究内容

(1) 小学生好习惯养成教育目标确定。

2018 年 9 月 10 日,习总书记在全国教育大会上发表重要讲话,谈到育人目标时,强调"培养德智体美劳全面发展的社会主义建设者和接班人"。我们对时代境遇下的"小学生好习惯养成"目标内容,进行新的思考,梳理出层次化、细目化的好习惯养成目标内容。即以"好习惯提升好品格"为核心,养成五大好习惯:道德行为好习惯,爱国、诚信、友善;学习好习惯,好学、善思、探究;健康好习惯,锻炼、卫生、乐观;审美好习惯:尚美、鉴赏、表现;劳动好习惯:自理、勤劳、创造。

(2) 小学生好习惯养成实践模式探索。

包括课程资源开发和形成实践路径。好习惯养成没有现成的教材,根据学生的生活场域——学校、社会、家庭开发教育资源是达成习惯养成目标的重点。我们拟从以下 4 个方面入手开发好习惯养成的教育资源,即课程资源以《道德与法治》课程为核心,自编好习惯养成的校本课程实现学科育人养成好习惯;活动资源有:常规活动、专题活动、特色活动;环境资源分:学校环境、班级环境、网络环境;家庭与社区资源包括:家校沟通、家庭教育、社会实践。

实践路径拟以学校和家庭为核心,构建鲜明体现养成教育规律和学生主体作用的育人课堂,以及适合小学生好习惯养成需要和特点的校内外活动和学校、家庭、社会合作的育人方式。

(3) 小学生好习惯养成发展性评价机制。

包括全程评价、记录性评价、表现性评价和学生成长日记、教师对学生养成习惯实践的教育手记等。

(4) 小学生好习惯养成导师队伍建设。

小学生的习惯养成跟老师和家长有着密切关系，传递正确的好习惯养成思想的关键是靠教师的身教示范和指导教育；另外，习惯养成中的家庭教育力量也不容忽视，而这，也得依靠教师与家长的联系和互动来落实。所以这里的导师队伍建设主要指的是教师队伍和家长队伍。

3. 研究重点

上述研究内容的(2)(3)。

五、研究思路、过程与方法

1. 课题研究的理论依据

叶圣陶教育思想。叶圣陶对这个问题的创造性贡献有三点：一是从教育的本质、规律、目的上，从对个人和对社会的作用上，深刻地阐明了“养成良好习惯”的重大意义。他指出：“养成了好习惯，不仅是个人的益处，对于社会生活和各项工作也大有益处。假如不养成好习惯，那就反过来，对个人、社会、工作总有或大或小的害处。”二是根据新的时代要求，大大拓展了“养成良好习惯”的内容和时间范围。他指出：“要培养学生在社会主义社会里生活的一切良好习惯。”其中不仅包括日常生活中的道德行为习惯，而且包括政治方面的、思想方面的、学习文化科学方面的、体育卫生方面的、工作方面的、语言方面的等习惯，也就是整个人生各方面的习惯。三是总结实践经验，从心理学和社会学的结合上，揭示了良好习惯形成的过程、规律，提出了一整套培养学生良好习惯的正确方法和途径。以上贡献说明，“养成良好习惯”已经发展成为一种现代的科学的教育思想。

朱永新教育思想。朱永新教授的“每月一事，交给学生一生有用的习惯”项目，是新教育实验十大行动之一。他的主要观点有：从个体成长看，良好习惯是成就好人生的必备保障。从教育历史看，注重习惯养成是中外教育的共同优良传统。从教育改革看，注重习惯养成是夯实核心素养的必然方式。从世界趋势看，注重习惯养成是全球教育改革的主要朝向。从社会环境看，良好习惯是促进社会和谐的关键环节。

2. 研究过程

(1) 研究准备阶段(2019.12～2020.04)。

成立课题组，提出组织、管理、科研的具体任务与分工。

搜集、学习本课题的相关理论和媒体技术；撰写申报和课题方案。

(2) 研究实施阶段(2020.05～2021.12)。

反思调整阶段(2020.05～2020.06)。针对2019年度承担的省品格提升工程项目实施中出现的问题适当调整研究方向，确定研究内容的侧重点，并以课例、视频或札记、论文的形式积累阶段性研究成果。同时，课题组成员加强指导实践的实验交流和理论学习。

验证完善阶段(2020.07～2021.10)。总结前两个阶段的研究成果，适当扩展研究范围，验证和完善研究成果。举行一次研究成果汇报(学生行为观察、上课、讲座、论文交流等),为研究总结和成果推广做好准备。

(3) 研究总结阶段(2021.10～2021.12)。整理资料、调查学生、撰写研究报告和工作报告,申请评审、鉴定、结题、推广。

3. 课题研究原则及方法

本课题研究遵循客观性原则、系统性原则、个性化原则、理论实践相结合原则。

主要采用行动研究法、调查法、个案研究法。

六、主要观点及可能创新之处

1. 主要观点

即试图以好习惯养成为根本,实现新时代立德树人的任务。

习惯养成是一个老话题,但,是德育的根本,且新时代应该有新道德。立德树人,立什么德,树什么人,是我们课题要破解的一个大问题。我们关注新时代特征,把五大习惯养成与五育并举打通,引导和帮助小学生养成德智体美劳好习惯,促进小学生全面发展,提升好品格,为他们的人生发展打好基础。

2. 提炼出小学生必须养成的德智体美劳五大好习惯 15 个专项主题

在勇敢自信、尊重合作等时代要求背景下,我们将五大好习惯细化为 15 个小专题:道德行为好习惯,爱国、诚信、友善;学习好习惯,好学、善思、探究;健康好习惯,锻炼、卫生、乐观;审美好习惯,尚美、鉴赏、表现;劳动好习惯,自理、勤劳、创造。通过 6 年的小学生活,逐个细化落实,螺旋上升,为培养全面发展的人打实根基。

3. 深化认识好习惯养成的规律,探索好习惯养成的实践新路径

习惯是规训的结果,是濡染的结果,也是引领的结果。我们将建构以培养习惯为主的课程,如以“不闯红灯”培养学生的守规则习惯等,以一件小事作为引子,指向培养学生的终身习惯,然后,分年段编撰校本教育课程,教给学生一生有用的东西,使教育内容从“大而空”变为“小而实”,从灌输变为体验,真正改变小学德育在学生行为养成训练上的欠缺。我们将以主题引导式为主要路径帮助学生养成好习惯,以“主题阅读”为基础,让良好习惯根植心灵;以“主题课程”为架构,让良好习惯浸润课堂;以“主题实践”为抓手,让良好习惯天天练习;以“主题展示”为窗口,让良好习惯随处呈现;以“主题反思”为推力,让良好习惯与日俱进等。努力借鉴叶圣陶“养成良好习惯”教育思想,探索新时代落实立德树人的育人新模式。

七、研究人员分工

1. 课题研究方案制定、行动规划、理论指导小组

学术顾问:任苏民(教授,江苏省叶圣陶教育思想研究所学术秘书)

顾润生(省特级教师,江苏省教研室《道德与法治》学科教研员)

杨九俊(省特级教师,原江苏省教科院院长)

孙向阳(博士,江苏省教研室课程教材部主任)

组长:朱小敏

成员:许蕴霞、蒋丽萍

2. 课题共同体学校的管理及课题宣传推广工作

组长:朱珠、邹怡莹

成员:丁志洁、夏敏霞、黄红娟、陈美娜、陆丽梅、朱晔、裔建虹、陈美娜、许春霞

3. 子课题一:道德行为好习惯养成的实践探索

组长:丁志洁、韩梅

成员:昆山开发区震川小学等

4. 子课题二:学习好习惯养成的实践探索

组长:裔建虹、李秦

成员:昆山市柏庐实验小学等

5. 子课题三:健康好习惯养成的实践探索

组长:杨薇薇、王洁

成员:昆山市玉峰实验学校等

6. 子课题四:审美好习惯养成的实践探索

组长:陈美娜、马荣

成员:昆山开发区石予小学等

7. 子课题五:劳动好习惯养成的实践探索

组长: 陆丽梅、汤钧

成员: 昆山开发区兵希小学等

八、课题预期成果

	成果名称	成果形式	完成时间
阶段成果 (限 5 项)	课题开题报告	书面材料	2020.04
	好习惯养成课例、视频	教学光盘	2020.12
	课题研究论文	书面材料	2021.01
	习惯养成的教育手记 学生成长日记	随笔集、日记集	2021.05
	专题研究讲座	现场(录像)	2021.6
最终成果 (限 3 项)	结题报告	书面材料	2021.11
	五大习惯养成手册	编著类	2021.11
	5 个好习惯培养优秀学生	论著	2021.11

九、立项以来所做的工作

1. 凝聚团队,构建小学生好习惯养成研究联盟学校

本课题研究已有基础,在 2019 年 12 月底,顺利完成了苏州市叶圣陶教育思想研究规划 2014 年度重点课题《“养成良好习惯”在小学主题单元课程中的实践》(编号:Y—Ab/2014/05/04)的结题工作。同时,在 2019 年 1 月,该课题又顺利通过江苏省第三批品格提升工程项目学校的遴选,并在中期评估中获优秀等第。在被确认为省品格提升工程项目学校后,作为基地校的玉峰实验学校举行了“小学生好习惯养成研究联盟学校”会议,参加者有来自苏州地区的相城区黄桥实小、太仓市南郊小学、昆山小学《道德与法治》学科名师工作室成员校三十多所,还有来自无锡、南通的小学;将近年来,在该项目研究上有行动、有成效的学校分管校长召集起来,明确了身份,认领了进一步研究的任务。

2. 加强学习,统一课题理论认识

我们聘请了任苏民、顾润生、杨九俊、孙向阳担任本课题学术顾问。购买了任苏民老师著的《叶圣陶教育思想研究》一书,并人手一册。2019 年 8 月,组织课题研究骨干教师座谈,发书,布置了阅读任务,并梳理已有课题成果,找出巩固点和突破点,商定下一步课题实践重难点工作。

3. 申报项目,发掘好习惯养成的教育价值

2019 年 1 月,该课题经过层层选拔,入围江苏省品格提升工程项目。发掘了好习惯养成与好品格锤炼融通的教育价值。组织联盟学校相关骨干教师,确立了好习惯养成的五大主题,并罗列了 1—6 年级各主题的好习惯养成目标内容。准备本学期通过以下几个途径来一一落实:文化环境、阅读课程、活动课程、主题单元课程、家校合作课程。

4. 宣传推广,扩大课题影响力

2019 年 9 月 1 日,昆山市教育局组织“开学第一课”,全市学生及家长一起收看。玉峰实验学校以“培养优秀孩子的秘诀从生活习惯做起”为主题,上了其中的一个课时,受到社会各界好评。第二主持人,玉峰实验学校教育集团总校长朱小敏,自 2019 年 9 月以来,开设了“小敏校长讲习惯”,一周一期,录制视频,并发布至微信公众号,不仅玉峰的家长和学生可以收看,联盟校乃至全国小学的学生都可以收看,深受学生喜欢。第一主持人许蕴霞任职昆山市信义小学执行校长,2020 年 1 月受教育部教材局邀请参加劳动教育教材的开发与编写。出版的专著《农耕课堂——给教育种子的力量》获昆山市第七届哲学社会科学优秀成果评选一等奖。信义小学实践了 5 年的“半塘田园”劳动课程在昆山教育微信公众号上刊登。

2020 年 5 月

参考文献

[1] 林格.教育就是培养习惯[M].北京:清华大学出版社,2012.

[2] 史蒂芬·柯维.7个习惯教出优秀学生[M].丁康吉,译.北京:中国青年出版社,2012.

[3] 大原敬子.藏在习惯里的成长密码[M].千太阳,译.桂林:漓江出版社,2015.

[4] 任苏民.教育与人生——叶圣陶教育论著选读[M].上海:上海教育出版社,2008.

[5] 杰克·霍吉.习惯的力量——如何把成功所必需的事情坚持下来[M].吴溪,译.北京:当代中国出版社,2004.

[6] 新教育实验总课题组.一生有用的十二个好习惯[M].天津:天津教育出版社,2009.

[7] 刘富芬.小学生道德行为习惯养成特点及培养途径探讨[J].青春岁月,2018(23):290-291.

[8] 李慧芳.自然教育的内涵及其启示[J].科技教育 ,2016(18):99-100.

[9] 刘黎明."本能"与"生长":杜威的自然教育思想[J].中国人民大学教育学刊,2013(2):108-128.

[10] 叶至善,叶至美,叶至诚.叶圣陶集[M].南京:江苏教育出版社,2004.

[11] 叶圣陶.叶圣陶教育文集(第2卷)[M].北京:人民教育出版社,1994.

[12] 陈卫东.教育就是培养习惯——著名教育家叶圣陶论习惯[J].少年儿童研究,2002(1):28-29.

[13] 徐鲁.金色的向日葵[M].安徽少年儿童出版社,2017.

[14] 徐鲁.画布上的泪滴[M].安徽少年儿童出版社,2018.